家族と話し合いをしてますか？

「伝わらない」
「わかり合えない」が
なくなる本

斉田英子
Saita Eiko

PHP

はじめに

家族と話し合いをしてますか?

　夫婦でどんな話をしていますか。二人で育んでいる家族のこと、仕事のことはどのように話し合っていますか。

　そもそも話がかみ合わない。
　何から話していいのか分からない。
　先のことより今のことが大事。
　だって、そもそも話す時間がありません……。

　国際データを見ても、日本の夫婦や親子、家族内の会話時間は極めて少ないのが現状です。OECD（経済協力開発機構）が2020年にまとめた生活時間の国際比較データによると、日本男性は有償労働時間が最も長く、家事などの無償労働時間が最も短い現状があります。

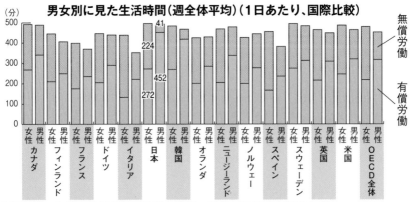

男女別に見た生活時間（週全体平均）（1日あたり、国際比較）

有償労働：金銭的対価を得る仕事、通勤・通学、学校での活動など
無償労働：日常の家事、育児、介護、ボランティア活動など
　　　　　　　　（出所）内閣府男女共同参画局ホームページ、一部改変

　また、例えば、6歳未満の子どもをもつ夫の家事育児時間は1990年代から伸びてはいますが、2016年時点で1日83分と低水準。つまり、家族生活の時間は極めて少ないのが現状です。

　一時は、愛を誓い合ったはずの二人が、ときにイライラをぶつけ合ったり、憎しみにも似た感情が同居したりすることはあります。互いの気持ちに歩み寄るというより、空気を読み、ことばは少なく、理解し合えているはずだと見て見ぬふりをすることも。

　自分以外のすべての人は、育った環境がまったく違う、考えや行動の仕方が違う人ばかりです。

　だからこそ、分かり合おうとする工夫や努力が必要なはず。

「家族になる」プロセスは人生の最期まで続く、本当に長い旅のようなものだと思うのです。

　だから、**その旅のプロセスで大事にしたいことは、「チーム家族」での「話し合い」。**お互いの意見を伝え合い、妥協したり折り合ったりすることで、着地点を見いだします。正論だけをかざしてもパートナーは息が詰まってしまうし、子どもたちは、親はぜんぜん分かってくれないと心を閉ざしてしまうでしょう。何より優しさや思いやりが大事です。

言葉にすることで自分を見つめる

　話すという行為によって、自分の考えに気づくことができます。

　話し合いは、二人のためはもちろん、自分自身を見つめる作業でもあるのです。

結婚、妊娠、出産、育児の経験は、自分のやりたいことを「後回しにして、我慢して、犠牲にして」捧げることではありません。どれも、たった一度の自分の人生を彩り豊かにする経験に間違いないからです。

女性ばかりでなく、男性も同じです。限られた人生の大半の時間を仕事（だけ）に費やしていませんか。恋人や家族との時間、趣味や遊びの時間、休息の時間はありますか。どんな生き方をしたいでしょうか。これからの人生をパートナーや家族と話し合いながらつくっていけるなら素晴しいと思いませんか。

パートナーのことは何でも知り尽くしてしまったと思う方こそ、二人が同じ方向を見ているか確認してみてください。新しい気づきがあるに違いありません。

「立場に即した発言」ばかりしていると

空気を読むスキルは日本人ならではです。年齢や立場をわきまえて発言をしたり、控えたりすることも。

私は、都市／住宅政策、住民参加を専門とする研究者で、大学では多くの学生と接しています。

教師としての私は、以前はいかにも「先生らしく」、良き指示やアドバイスをしなければならないと思い込んでいました。学生たちから相談を受けながら、頭の中では、どんなアドバイスをしたらいいだろうか、ということばかりを考えていたのです。しかし、私の中で正しいと思う方法や、自分なりの解決策を提示しても、学生たちにはあまり響いていないことにも気づきました。相手のことを最大限に思って伝えているの

になぜだろうと疑念を抱くようになりました。

意見の違いを楽しむ余裕が少なくなっている

　大学の教育現場では、学生は「正解／正しい答え」を求める傾向にあります。もちろん一方で、世界はとても複雑で、モノゴトはそんなに単純ではないことも理解しています。白黒、賛否、長所短所などの二項対立では済まず、非常に多面的で、白と黒の間には無数のグラデーションがあるし、賛否で多数決を取っても、人の数だけ意見があることも分かっています。

　しかし現実はどうでしょうか。日々の暮らしの中で、学校生活で、お互いの意見に豊かなグラデーションが広がっていることを楽しむ余裕はどんどんなくなっています。夫婦や親子でも、それぞれの意見を尊重した議論がどれだけなされているでしょうか。

　実は、大学生と話をしているとその学生の親、家族が透けて見えます。良くも悪くも、親や家族から多大な影響を受けています。自分の頭で考え、自分のことばで話す力は、幼少の頃からの親子や家族での話し合いの経験が左右します。

　学生と接するときは、私が何か考えを先走って伝えるより、話を丁寧に聞くことに徹し、自分のことばで話してもらうよう促します。相手の話をしっかり受け止めていくと、自然に心が開かれていきます。**そして必ず、自分自身の本当の気持ちや考えに気づいていきます。**

話を聞く、観察する

　私の履歴の一部にある、コーチングやキャリアコンサルタントの資格取得は、私の教師としての葛藤の延長にありました。さきほど述べたように、この資格を取得する前の私は、目の前の人をしっかりと見たい、目の前の人の話を聞きたいと思っているのに、私自身が雑念いっぱいで十分に聞くことができていませんでした。コーチングやキャリアコンサルティングを本格的に勉強し、実践する過程で、少しずつ、目の前の人の本当の思いを汲み取るスキルを身につけていきました。

　現在、私は学生やビジネスパーソンに対して、コーチングやコンサルティングを行っています。悩みや不安を抱えて目の前に小さくなって座る大学生も、仕事と家庭の事情で悩み苦しむビジネスパーソンも、経験豊かな、魅力あふれる人ばかりです。**私の仕事は、本人の中にすでにある、「答え」を引き出すことです。**
　基本は、話をよく聞くこと、よく観察すること。そして、本書でも紹介するコミュニケーションのスキルを用いて、はっきりと現れていなかった本人の意思を言語化することを促すのです。

　そんな、私のいろいろなキャリアの点が、線となり面となって、それらを束ねて、私がこの本で記したいのは、「ファミリー＆キャリア思考」であり、「ファミリー民主主義」です。家族の中の「小さな政治」の問い直しです。

　多数決で多数だからといって正解とは限りません。家族の話し合いでは、家族の声なき声を拾い上げなければなりません。また、声が大きい人、地位や立場がある人が正しい道を示してくれるわけでもありませ

ん。親や教師は、子どもたちより経験の場数が多く少し先を歩いている人に過ぎません。だからこそ、皆が口を開き、ことばを重ねる必要があります。それが、日々の生活の豊かさにつながります。

世界一幸せで、民主主義が成熟している国

大学院の博士課程を終えた20代後半から約２年間、デンマーク、コペンハーゲン大学に留学しました。今でこそ世界一幸せな国（2013年、2016年に国連の世界幸福度報告で幸福度ランキング１位）、豊かさを実現している国として有名ですが、当時は周りの反応は「デンマーク？」でした。

研究者としては、誰も扱っていないからこそ行く意味がありました。日本で「住民参加」のテーマはまだ小さくしか扱われていなかったからこそ、それが当たり前の国のことを知りたいと思いました。

期待に胸膨らませて降り立ったデンマークで一番知りたかったのは、世界一成熟している「デモクラシー（demokrati）」です。

人口約580万人の北欧の小国は、天然資源が乏しく、厳しい自然環境下にあり、だからこそ、「人」が大切にされ、教育が重視され、お互いが必然的に助け合う文化を育んできました。

個人の自立意識が非常に高く、対話を繰り返して相互理解を深め、問題解決を進めています。

何より、どんな人にも意見があることを誰もが理解し、認め合っている社会は、暮らしやすく、自由です。その民主主義のベースに「家族」が一役果たしていると知れば、探究心に火が付きます。

家族の話し合いはリスクマネジメント

　私の夫は、気象や防災が専門で、ＮＨＫで気象キャスターをしている斉田季実治です。災害から命を守るための防災行動について情報発信をしています。互いの専門分野は違うのですが、一人ひとりが「命」を大切にするために、個人、そして、社会の一番小さな単位である「家族」のあり方こそが重要だという意見は一致しています。

　本書では、各章ごとに「季実治の視点」として斉田季実治のコメントを挿入しています。二人でいろいろな話し合いを続けていくと、当然、別人格ですから、捉え方、考え方には違いがあることに気づきます。ふと出てきたひとことに私自身もハッとさせられます。お互いが思考をフル回転しながら、話し合いを楽しんでいます。

　子どもたちの成長、自分たちはもちろん、親の老い……さらに社会経済情勢の急速な変化や自然災害。どんな未来が待っているか、誰にもわかりません。でも、それを不安視するのではなく、希望を持ちながら、備えるべきことに対しては備え、きちんと考えるべきことは考える。それが、家族の話し合いです。

　家族の幸せを最大化するために──もちろん、自分のやりたいことを我慢することなく──家族と実りのあるコミュニケーションを重ねることが、とても重要です。本書がそのためのヒントになれば、著者としてとても幸せです。

家族と話し合いをしてますか？

「伝わらない」「わかり合えない」がなくなる本

目 次

1章 家族と仕事の新しい関係

2章 共働き夫婦の歩調を合わせる

──マナーとスキル

季実治の視点
「笑顔が一番」　050

3章 キャリアについて話し合う

4章 子どもについて 話し合う

5章 健康、命について話し合う

6章 子どもたちにファミリー民主主義について伝えよう

1章

家族と仕事の新しい関係

これからの家族は、
「ファミリー＆キャリア思考」

　夫婦が、①お互いの幸福度を高めながら、②働き方を描いていく。あくまで①→②の矢印の向きがポイントです。家族が一つのチームとして、幸せを最大化するという大きな目標を掲げます。これを私は、**「ファミリー＆キャリア思考」**と呼んでいます。

　幸せを追求するために、「男性（夫）だから、女性（妻）だから、子どもだから」と従来の役割に縛られることなく、夫婦が働き方の緩急を見定め、柔軟に変化させながら家族と仕事との新しい関係を探っていく。人生100年時代は、このような家族のあり方が求められるのではないかと思います。

仕事、出産、イベント……それぞれが高速回転するわけでもなく、
うまく噛み合っている。それが本書で目指す家族の姿です。

夫婦で話し合う

新しい関係をつくり上げるために必要なこと。

それは、「はじめに」でも述べましたが、夫婦で話し合うことです。

子持ち共働き世帯の男女の家事育児分担の偏りが依然としてあります。家事育児には見えないものが山のようにあり、その多くを女性が担っているでしょう。大事なことは、その偏りや不平等を当事者夫婦がどのように感じているかです。

どのような暮らしを望んでいるかを、お互いが理解し合っているかどうかは非常に重要です。

 具体的にイメージする、イメージを膨らませる

二人は似ていると思っても、他人です。得意なことが違う、補完関係にあります。お互いの強みを知り、活かしましょう。男だ、女だと区別することなく、お互いの得意なこと、好きなことを、できるようになりたいことを夫婦で挙げてみてください。

正解はありません。あるのは夫婦で、家族で話し合って出す「答え」です。そして、時間の経過に合わせて家族や仕事の状況が変わるように、その「答え」もまた変化していきます。

話しながら整理する

　そうはいっても、なかなか話す時間がない、どう話したらいいかと戸惑う気持ちもあるでしょう。何年一緒にいても、どうしてわかってくれないのとがっかりとすることもあるかもしれません。

　話し合いは実践あるのみです。
「言わなくてもわかるでしょう？」「もっと気づいてよ」「わざわざ話しても仕方がない」という気持ちは夫婦や親子ではいっさい無くしましょう。
　考えを整理してから話すこともあれば、話しながら考えが整理されることもあります。
　どうしても二人の着地点が見つからないならば、「いったん保留」します。

夫婦や家族は話し合いでつくられます。
話し合いの積み重ねなくして家族なしです。

幸せを最大化する

　これからの家族と仕事の新しい関係に「幸せ」は欠かせません。「幸せ」という漠然としたことばこそ、言い換えて、具体的にことばにしてみましょう。

　パートナーや子どもたちにもぜひ尋ねてみてください。

　あなたにとって「幸せ」って何だと思う？　どんな気持ち？　色にたとえると何色？　何をしているときに一番幸せを感じる？　どういう働き方だったら幸せ？　どういう生活だったら幸せ？　どういう人生だったら幸せ？　と。

　「幸せ」のことば一つにも人それぞれの考えがあり、捉え方が違います。提示された個々のことばを並べると、何が見えてきますか。たくさんのことば、コメントの中に、あなたは何を感じますか。

　夫婦や家族で幸せを最大化するために、話しましょう。

　ただし、家族である前に「個人」であることを絶対に忘れてはいけません。「話し合い」が不可能な相手はいます。ＤＶやハラスメントをする人、何をどう話そうとも聞く耳をまったくもたない人がいることを知っています。また、心身の障がいから話し合いが成り立たない状況が起こり得ます。思い悩むことがあれば、専門カウンセラー、各自治体の相談支援センターなどへためらわずにアクセスしてください。

今まさに、パートナーや子どもたちと 関係が悪いと思っている方へ

　どうして関係が悪くなったのですか？　どんな原因が考えられます か？という問いを想定することはできますが、こうした問いには前に進 む力は弱いかもしれません。

　いろいろな事情があるでしょう。複数の出来事が絡み合っていること もあります。
「だってあの人が」と責めたくなる気持ち、文句や愚痴だって聞こえて きます。

　深呼吸をしながら読んでください。
　どんなに思いを吐き出したところで、結局、一番大事なことは、「私 はどうしたいのか」ということです。

　コーチングに「自分が源」という考えがあります。
　ことばの通り、「すべてのものごとは自分から始まっている」という 意味です。誤解してほしくないのは、「自分が悪い」「自分のせい」と言 っているのではありません。
「自分次第（あなた次第）でどんな風にでも変わることができます」 と いうメッセージです。

　人はロボットと違って「感情」があります。勝手に「想像」し「妄 想」することも得意ですね。いつも穏やかなわけではないし、好き嫌い の感情だってあります。「そんなつもりじゃないのに」誤解された経験 は誰しもあるのではないでしょうか。

私たちの人間関係がギクシャクする最大の原因は、コミュニケーション不足にあります。

　そしてその多くはお互いに相手の話を聞いているようで聞いていないこと。

　自分の価値観の枠組みの中で、自分の思考の癖や思い込みで聞いていることは意外に多いものです。そのことに本人が（お互いが）気づいていないことも問題ですね。だから、相手にそう感じるときこそ、我が身を振り返ります、私自身にもその傾向がないかと。

　しかし、一番身近なパートナーや家族にその分かり合えない感覚をもつのはとても辛いことです。

　私の育ちの環境では、父親とは最期まで分かり合えたとは感じていません。幼少の頃から、父親の思考の枠組みは非常に厳しく狭く、まるで理解できないと感じることが多々ありました。

　父親の決まり文句は「黙って聞け」でした。夫婦喧嘩に至ってはお互いにまるで噛み合っておらず、建設的な話し合いとは言い難いものでした。その様を見て、自分の意見をただ通そうとする大人だけにはなるまいと誓ったものです。

　嫌だと思う人からは単純に離れていいと思っていますが、私が最も理解が難しい人も父親ですから、客観的に、どうしてそのような発想や発言をするのか理解しようと試みました。彼が育った戦前の時代背景や育ちの環境に考えを巡らせました。私自身の考えにも偏りがあり、意地を張っている部分があったことにも気づきました。

私が父に対して取った態度は、無理に反論せずに観察に徹する、伝えたいことを事前に考え整理しておく、一定の距離を取る、でした。

　何十年の関係のなかで、年を重ねるなかで、彼がコミュニケーションや感情表現が非常に苦手であることを理解していきました。父と私の不器用なコミュニケーションを通して、自分自身を冷静に見つめなおす機会になったことも事実です。

　親子であれ、夫婦であれ、どうしても理解し合えないことがあります。自分を責めないでください。あなたが理解に苦しむ人はどんな傾向がありますか。どんな対策がベターでしょうか。何とか解決したいと時間と労力を費やす必要がありますか。
　一番大事なことは、あなた自身の心身が平穏であること、信頼関係がある誰かがそばにいることです。「仲良くしなければならない」など、「～ねばならない」の囚われからも私たちはそろそろ解放される必要があります。

　しかし、さまざまな事情を踏まえた上で、私が父に対してトライしたように、①相手を理解しようと耳を傾ける、②自分の気持ちや考えを分かりやすく伝える工夫をする、③お互いが共通の理解に至っているか確認し合う、ズレを明らかにする（修正できることがあればトライしてみる）サイクルを続けてほしいです。小さな自分の世界が広がります。

　このサイクルをパートナー、家族の間で続けましょう。人は皆、変化していくからです。家族関係も時間の流れとともに変化します。

　あなたの周囲に家族関係が良好な方がいるなら、それはこのサイクル

がぐるぐる回っているに違いありません。

どんなパートナーシップを築きたいですか？　どんな家族をつくりたいですか？

相手が何と考えようと、あなたがどうしたいか、です。

ぜひ、本書をゆっくり読み進めて下さい。

季実治の視点

「幸せの色はオレンジ色」

幸せな色は？と聞かれると、好きなブルーではない、暖かい色を答える。ひなた、陽だまり、太陽のような色。

幸せは理屈じゃないし、効率的に手に入れるものでもない。グリーンやブルーといった色は、空や海など自然に多い色で、私の中では理論、理屈で説明したくなる色。

幸せはそういうことと次元が違う。幸せは、関係性の中で生まれるもの、自分だけが幸せになってもちっとも嬉しくない。

2 章

共働き夫婦の
歩調を合わせる

──マナーとスキル

前章では、夫婦や家族の幸せを最大化するためには「話し合い」が大事であることを述べましたが、そうはいってもその話し合いができないことが問題なのだけど、と思われたかもしれません。

　話し合いたいと思って、急に相手に話しかけても、「いまちょっと忙しいから」などと言われてしまいそうです。
　では、話し合いをどのように進めるべきでしょうか。この章で、具体的に考えていきたいと思います。

マナー1　話し合いのアポイントを取る

　まず、話し合いを進めるための五つのマナーをご紹介します。
　職場で、学校で、誰かに何か尋ねたいことがあるとき、相手の様子を観察しますね。
　あまりに忙しそうならば声をかけることをいったん止め、改めてそのタイミングを探します。ここぞというときに「いま、お時間いいでしょうか」と切り出すと思います。

　夫婦でもまったく同じです。

　私たち夫婦は、お互いの仕事のスケジュール、子どもたちのさまざまな行事関係をアプリ（TimeTree〈タイムツリー〉https://timetreeapp.com/intl/ja/）で一括管理しています。
　通常の仕事以外にも、締め切りがあるもの、突発的に入る仕事もあります。会議は、外に出向くのかオンラインかによっても所要時間が違います。

- お互いの仕事のスケジュール、子どもたちのさまざまな行事関係を（たとえば）アプリで一括管理する。
- スケジュール調整をして、二人の空いている時間帯に、話し合いの時間をセッティングする。

　特に、緊張感のある仕事が続くとき、締め切りの原稿などがあるときは、大切な話し合いをするには不向きです。

　パートナーの時間を勝手に奪ってはいけません。パートナーの時間を尊重します。

　これは夫婦といえども他人であること、お互いに貴重な時間を過ごしているということを理解しなければなりません。

　そのことを念頭に、「○○について話したいので、内容を事前に簡潔に伝えておくね」と数分の隙間時間に示唆したり、「今日のお昼ご飯の時、○○についてアドバイスが欲しいけど、いいかなあ」と伝えたり、

「○○についてゆっくり話したいので、まとまって数時間一緒に話せるのはいつだろう？」とスケジュールを調整します。

　子どもたちが起きている間に、夫婦で落ち着いて話をすることはほぼ不可能です。二人だけでランチをしたり、一緒に過ごす時間のスケジュール調整は数か月前から行います。

　毎日は、どうでもいいおしゃべり、結論のない話、反応を期待しないつぶやきのようなものがたくさんあり、それはそれで楽しいものです。**しかし、大切な二人の話し合いの時間は、アポを取ることでうまくいきます。**むしろ、アポを取って話そうとしない限り、後手後手になり、曖昧になって時間だけが過ぎていくでしょう。二人の未来を大切に思うからこそのアポイントです。

マナー2　言い方が大事、聞き方も大事、心もオープンに

　コーチングを学び始めた当初、コーチから「聞くというスキルだけでも250通りくらいあります」と聞いたときはびっくりしました。のちにその一例を示しますが、それまでは対話とは、人の話にただ耳を傾け、内容、意味を理解し、何かしらの反応をするだけでしょう？と思っていました。

　しかし、「声＝トーン」にもいろいろあります。
　たとえば、携帯電話の着信で、相手が誰かによって第一声の「もしもし」のトーンが違うことはありませんか。久しぶりの親友なら高音で弾む声に、仕事の上司なら丁寧な落ち着いた声に、子どもやパートナーなら地声で時にぶっきらぼうになったりしませんか。相手によって良くも

悪くも使い分けている「声のトーン」を意識してみましょう。

　自分の考えを話したり、相手の話を聞いているとき、自分のフィルターを通して勝手に解釈していないか気をつける必要もあります。
　無意識に気づいていない感情が入り混じっていることはあるものです。

　つい、夫婦や親子、家族であることの甘えから、言い方がキツくなったり、イライラをそのままぶつけたりすることがあるかもしれません。

　話し合いは、目線、表情、声のトーンを間違えば、言い合いになり、けんかになります。自分自身はさておき、パートナーの言い方にカチンときてしまうと、とたんに気持ちをコントロールすることができなくなることがありますね。

　いったん席を離れてブレイク。ゆっくり深呼吸。話し合いは延期していったんリセットしてからにします。そのようにパートナーにも伝えます。

　大事なことは、無表情で原稿を読み上げ、質問があれば用意された原稿の文字をなぞり、当たり障りのない回答をする政治家のようには決してならないで、ということ。

　嬉しいといいながら目が笑っていない、真剣に話をしたいといいながら目線を合わせないのでは、相手には伝わりません。
　大人になるプロセスで、喜怒哀楽をあまり表に出さないようになってしまっている

かもしれません。「男は泣くな」というより「男も女も涙が出ることはある！」です。心をオープンにする練習も、夫婦や家族だからこそ、できるはずです。

　無表情の人は、特に男性に多いです。ある男子大学生は、自分は普通にしているつもりでも、友人から怒っていると誤解されることがありました。相談を受けて、鏡の前で毎日笑顔をつくる練習をしてはどう？とアドバイスしました。男子学生は素直に取り組み、だいぶ表情が豊かになったのですが、最初は顔の筋肉がなかなか動かないことに驚いていました。

　夫婦も親子も別人格の他人です。うまく話し合いができないと感じる方は、あなたが家の外で見せるちょっと丁寧な言い方、謙虚な姿勢や聞き方を家でも実践してみてください。

マナー3　育ちの環境が影響していることを前提とする

　人間には先天的な特性と後天的な特性があります。
　誰もが先天的に備わっている特徴や性格に加えて、後天的に身に付けているたくさんのものがあります。同じ親元に生まれても、子どもたちはそれぞれ異なる個性を発揮します。良し悪しではなく、世界にたった一人、唯一無二の存在です。

　ただし、育ちの環境でどんな親子関係だったか、家族関係だったか、どんな出来事があり、どのような人に出会ってきたか……は、後天的な影響としては見過ごせません。その中でも、親子の関わりはとても重要です。

たとえば、私たち夫婦の場合だと、こんな感じです。

育ちの環境

英子：厳しいルール、一方的に言われること多々、親に決定権が多い

季実治：自由、信頼関係、好きなことをさせる、本人任せ

家族に関する思い出

英子：家族で一度だけバス旅行、父親の顔色を見ながら夕食を食べていた記憶、こうあるべき論・一般論にあてはめて指示命令されルールがたくさん

季実治：引っ越しのたびに家族で自転車で界隈めぐり、父子でボーリングに行った帰りにクリームソーダを買ってもらった喜び、将棋の本気勝負、成績・進路についていっさい口出しされない

　もちろん同じ家族の中の経験でも、私が感じていたことと、きょうだいが感じていたことは違うと思います。

　私たち夫婦は、団塊ジュニア世代、同じ時代背景の中に育ち、父親の職業は公務員、母親は専業主婦、３人きょうだい、九州出身とかなり似ています。にもかかわらず、育ちの環境や家族に対する思い出がまるで違います。後天的な影響としては非常に大きく、凸凹（でこぼこ）の二人が補い合っているという感じでしょうか。凸凹ゆえに話し合いが続きます。

マナー4　自分をご機嫌にする

　自分のことを愛せずに、他人を愛することは難しいです。

　大げさに聞こえるかもしれませんが、自分自身を安定した心身状態にする工夫や努力は、パートナーや子どもの心配をするよりも先に取り組

む必要があります。

自分のことを犠牲にして、無理をして、誰かを幸せにすることは絶対にできません。

自分が元気ではないのに、周りを元気にすることはできないのです。

私が行なうコーチングセッションでは、「もやもや」相談が非常に多いです。日々、忙しく、どうにかこなしていくことに必死。考えることはたくさんあるのに、ああ、どうしたらいいの⁉と思考停止になっています。不安やイライラも同居しています。

一つひとつ整理していくと、自分が次に取るべき行動が見えてきて表情がいきいきとしてきます。まず、自分のことを振り返ってみましょう。

以下の二つのワークショップをお勧めします。

準備するものは、付箋紙と少し太めのペン（文字が見やすいように）。

もやもやワークショップ

一人で抱え込んでいるあれこれ。いろいろ考えてはもやもやする。

もやもやの原因と思われること一つひとつを思いつくまま文字にしてください。

付箋紙１枚に、一つのもやもやを書きます。

似ているもの、近いテーマのものごとに並べ替え、分類します。少し大きい模造紙に貼り付けてもいいし、見やすい壁やテーブルにペタペタ貼ってみるのもいいでしょう。

たくさんの中から、もやもやナンバー１、２、３と順に並び替えてください。

自分は何にもやもやしているのかを一つひとつ見える化していきます。

　最初はバラバラに思えても、整理し、見える化することで気持ちが整理されていきます。

　できれば、パートナーも同じ作業をします。
　お互い、見せ合います。
　第一印象の感想を言い合いましょう。
　自分のことばで話していきます。話を遮(さえぎ)ったり、否定したり、批判してはいけません。

　もやもやをクリアにするために何ができるか、小さなこと、簡単なことから行動に移してみましょう。意外にすぐできることも見つかるはずです。

わくわくワークショップ

　どんなときにわくわくしますか。どんなことにわくわくしますか。

　妄想を膨らませてニヤニヤしてみてください。ことの大小はいっさい関係ありません。子どものように無邪気に考えましょう。

「もやもやワークショップ」と同じように、一人で「わくわくワークショップ」をします。

　パートナーも同じ作業ができたならば、お互い、見せ合います。
　第一印象の感想を言い合いましょう。
　自分のことばで話していきます。話を遮ったり、否定したり、批判し

てはいけません。

　夫婦でそれぞれのわくわくをたくさん出し合ってみて、どんな気持ちですか。どんなことに気づきますか。

　そのわくわくを取り入れた生活ができるといいですね。
　すぐできることはありますか。時間や予算などの調整が必要なら、どうしたらそのわくわくを手にすることができるか、案を出していきます。意識してわくわくする生活をしましょう！

マナー5　自分を知る（自分を客観視する）

　人は非常に多面的です。変わり続けるからいいのです。
　長所と短所だって表裏一体です。見方次第、言い方次第なのです。
　自分はこうだと決めず、むしろ新しい自分を発見し続けていく。
　自分のありたい姿にどんどん近づいていく。そのプロセスを楽しめたら、年を重ねることが本当に楽しくなります。自分自身の良い所を三つあげてみましょう。

　自分を知るために、一番身近なパートナーにあなたの良い所を聞いてみましょう。**夫婦間でもお互いの良い所を認め合うことがまず出発点です。**

　夫婦で伝え合うことに慣れていないなら、子どもたちに対して「あなたのこういう所が素敵ね、良い所だね」と口に出して伝えてみてください。そのとき、パートナーもそばにいて一緒に共有できるといいですね。パートナーはまた違う見方から、素敵な所をあげてくれるかもしれません。

　本当は、相手には改善してほしいこともある、自分だってもっと変わりたいのにと感じているものです。しかし、スタートはまず、今あるものを認めることからです。

　ぜひ、良い所、出来ていることに目を向けてください。相手にも伝えてくださいね。その話の流れで、「私の良い所も三つ教えて？」と聞いてみるのはお勧めです。

　我が家はよく、お風呂に一緒に浸かりながら、お互いのいい所探しをします。毎回、同じようなことが出されようとも、時々、実施します。お互い、繰り返し、承認し合うというイメージです。

　どんなコメントが出されてもウェルカム。あなたのいい所です。喜んで受け入れましょう。

　以上、話し合いのマナー五つを取り上げました。この五つを取り入れるだけでも、夫婦の会話はかなりスムーズになるのではと思います。

 ## 勝手に妄想して悩まないで

　話していてつい自己主張し過ぎてしまったら？　キツイことばになってしまって険悪なムードになってしまったら？

　どんな時も、確かめましょう。
「言い過ぎたと思う」とストレートに伝えるのもいいでしょう。

　一番避けたいのは、「言い過ぎたから、きっと怒っているに違いない。でも、今さら謝っても仕方がない。私の話なんてどうせ聞いてくれ

ない」と勝手に判断することです。

「どうせ、きっと、たぶん……」という妄想がとても上手な人がいます。

　素直になれないなら、「私はどうしても素直になれなくて自分でも困っている」とパートナーに伝えてください。もっとシンプルに、もっと気楽に、もっと素直に。

　私たちは、いろいろな感情を複雑にもっています。体調や気分も変化します。

　どんな人も、どんな感情も、どんな考えも、そこには自分でもうまくコントロール、理解、整理できないこともあると思います。だから、臆せずことばにして話して、勝手に解釈せず、空気を読みすぎないで。繰り返し、練習です。

 ## パートナーの意識が変われば話し合いがうまくいくのか

「私は話そうとはしているのに、あの人が……」とパートナーのせいにしたくなったら？　しかし、他人をコントロールすることはできません。あなたの知恵と工夫がカギとなり、ひいてはパートナーの話す力も磨かれるに違いありません。

　たとえば、

●緊急かつ重要なテーマに関して、二人の間でズレがある。
A「（築25年になった）家の屋根の塗装をそろそろ考えたほうがいいと思うんだけど」

B「雨漏りもしていないし大丈夫じゃない？」
A「……」

「緊急かつ重要なテーマ」の視点に違いのある二人。意識にズレがあるな、ありそうだなと感じた場合は、話す前に（もちろん、話した後も）自分の考えを整理して準備してから話しましょう。

　Bからつれない返事があっても、「そう思う？　調べてみたんだけど……」と、話を一歩前進させるための情報提供をします。

　また、自分がほとんど意識していなかった話をされたときも、いったん相手の気持ちを受け止めましょう。「そう思うのね？」と。あるいは、逆質問をします。「まったく考えてなかったけど、あなたはどうしてそう思うの？」と。

●長期的視点に立ったテーマに関して、慣れていない、関心が低い。
A「親が亡くなったあと、あの家、どうしたらいいと思う？」
B「きょうだいに聞いたら？」
A「……」

　先々の話、今は問題となっていないけれど話を聞いてほしい、話しておきたいことはありますね。でも、突然、話を振るのはちょっと待って。長期的な先の話も、もう少し近未来で、身近な話に分けてみましょう。小出しに話を積み重ねていくイメージで。
　たとえば、
A「親が一人であの広い戸建てに住んで５年になるよ」
　「足腰が悪いから十分に家の手入れができていないみたい」
　「今度、一緒に帰って家のことも一緒に見てほしいな、秋の連休なんてどうかしら」

長期的な話は、どうしてそのことを話したいのか、理由や目的がはっきりしていることも大事です。

●苦手なテーマ、不得意なテーマがある。
Ａ「（住宅購入にあたり）家計の収支をもう少ししっかり確かめる必要があるよね？」
Ｂ「わかってるよ！（少々語気荒め）」
Ａ「……」

　話す前に、パートナーのネガティブな反応が想定されますか。
　デリケートなテーマはあります。話す必要があるならば、「あなたが苦手なテーマかもしれないけれど。私もうまく話せるか自信はないのだけど」と正直に気持ちを伝えてみましょう。お互いに気持ちよく話せる工夫は何ができるでしょうか。パートナーへの配慮と尊重の気持ちを忘れずに。
　たとえば、
Ａ「マイホームを建てるのはすごくわくわくするけれど、ローンは35年！　いよいよ、お金のことをちゃんと考えなくちゃなあって。ローン35年と聞いてあなたはどんな気持ち？」
　「ローンや金利のこと、よく分からないこともあるから一緒に考えようね。マイホーム建てた友達にも聞いてみるね」

●つい、自分の規範、思考回路で反応してしまう。
　例：効率的、実利的に考え過ぎる。
Ａ「○○の資格を取りたくて勉強したいと思っているんだけど」
Ｂ「いくらかかるの？　取ったら何の役に立つの？」
Ａ「……」

　自分の中の価値観はありますね。長年の思考回路というのは良くも悪くも厄介です。生活は自分一人のものではないと事あるごとに再確認できるといいです。しかし、価値観の囚われがなかなか抜けないこともあるでしょう。パートナーの反応の傾向をつかみ、戦略をもって話しかけるのはアリです。漠然と話すより、具体的に話すことがいいのか。何を伝えることが大事なのか。心の奥底からのパッションが伝われば相手は動くものです。こちらも本気度が試されます。

A「○○の資格に興味が出て資料を取り寄せてみたよ」

　「○○の資格を取ればこういう仕事に就けるって書いてあるけれど、すぐに仕事があるわけではないのも事実ね」

・正直に気持ちを伝える
・パートナーへの配慮の気持ちを忘れずに

 ## どうしてもパートナーと話し合えない？

●長らく一緒に考えようとしてこなかった。
A「（子どもに）スイミングを習わせるのはどうかな？」

B「まかせるよ」

●相手のことばに寄り添えない。
A「仕事辞めたいなあ！」
B「辞めれば？ ／辞めたら困るよ」「あなたの好きにしたら？」

　なぜ、そういう返事しかできないのか、奥が深そうです。そういう反応をされた後、うまく次のことばが出てこないあなたにも何か理由がありそうです。

　育った環境では、話すこと自体にまったく親しんでこなかったのか。
　仕事や友人たちにはこんな態度ではないなら、家族だから甘えているのか。
　あるいは本当に関心がないのか。何かに怯えている？　傷つきたくない？　諦めている？

　思春期に口数が少なくなる少年少女のようならば、「話し合い」よりも、日々のどうでもいいおしゃべり、結論のないたわいもない話、反応を期待しないつぶやきを家中に増やす必要があるかもしれません。思わず声を出して笑ってしまうような、突っ込みを入れたくなるようなテレビや YouTube を見ながらわいわい話していると、部屋の空気が明るくなります。

話し合いのスキル①
違いを楽しみ、調整するスキル

　ここからは、話し合いのための具体的なスキルについて、ご紹介しま

す。一つ目は、違いを楽しみ、調整するためのスキルです。

　表（44〜45ページ）に挙げたスキルのうち、特に重要なのがこの五つです。

①I（私）メッセージで伝える

②オウム返し（相手のことばをそのまま返す）

③オープンクエスチョンとクローズドクエスチョン（はい・いいえで答える問いか否か）を使い分ける

④過去質問と未来質問を用いて思考を活性化させる（過去質問：これまでどうだった？　未来質問：そのためにどうしたらいいかな？）

⑤縦横に展開する（あえて尋ねる）：例「他には？」「あと二つ教えて？」「もう少し詳しく聞かせて？」

話し合いの前提として押さえておきたい姿勢、スキル

①積極的に「聞く」：うなずき、相槌を意識する

②ことばをシンプルにし、簡潔に伝える

③話を遮らない

④批判しない、責めない、誘導しない

⑤五感を働かせる、直観も大事

違いを楽しみ、調整するスキル

スキル／技術	説　明	効果など	例
① Iメッセージ	「私は〜」を主語にした伝え方です。自分の考え、気持ちを伝える表現です。	相手に抵抗感が少なく伝わり受け入れられやすいです。主語を意識して話すことでお互いの関係性にも好影響を及ぼすでしょう。	「家事を手伝ってくれて（私は）助かるよ」 「元気がない顔を見ると（私は）心配になるよ」
② オウム返し	話された内容、感情などをそのまま返します。そのままでなくても、的確にまとめたり言い換えたりして伝えても構いません。	相手は自分が受け入れてもらったと感じることができます。話しやすい環境づくりの一つとして有効です。	「たいへんだ」 「たいへんだね」
③ a.オープンクエスチョン b.クローズドクエスチョン	オープンクエスチョンとは、正解のないさまざまな返答があるような問い、クローズドクエスチョンとは相手がYes／Noなどで答えられる問いです。	相手の様々な考えや情報に効果的にアクセスすることができます。話す内容や話し合いの状況に応じて二つを使い分けるといいでしょう。	a.「今度の週末、どこに行こうか？」 「好きな食べ物は何？」 b.「ピアノのレッスンをやめたいの？」 「留学したいの？」
④ a.過去質問 b.未来質問	過去質問とは、問いの中に過去にまつわることばや内容を含むもの、未来質問とは、未来にまつわることばや内容を含むものです。	時間軸を行ったり来たりして、これまでの経験やこれからの思いなどを聞くことで、思考が活性化され、気づきが生まれやすくなります。	a.「子どもの頃好きだった遊びは？」 「今までで一番頑張ったことは？」 b.「どんな30代を過ごしたいですか？」 「どうしたいの？」

⑤ 話を縦横に展開する	他には？あと二つ教えて？などと尋ね、話を広げます。また、そこをもう少し詳しく聞かせて？と掘り下げ、深掘りします。	あえて尋ねることに意味があります。答えが出尽くしたと思うときにこそ尋ねてみるのはお勧めです。お互いの気づきにつながります。	「仕事がうまくいっていないという点をもう少し具体的に聞かせて？」「支出を減らす方法について、他に方法はある？」
⑥ キーワードを拾う	話の中で、気になったことば、相手が繰り返し使うことば、声のトーンに変化があったことばなどを取り上げます。また、そのことを相手に伝えます。	ただ聞いているだけでは気づかないかもしれません。よく観察してください。相手は無意識に表現していることが多く、気づきを促すことにつながります。	「今日は、疲れた、疲れたと繰り返し言っているね」「趣味のカメラの話になるととたんに顔がパッと明るくなって、いきいきしているよ」
⑦ 言い換える、異なる視点を提示する	意味を大きく変えることなく、話し手のことばを違うことばや表現に置き換えます。異なる視点を促したいときにも用います。	新たな視点に気づくきっかけになり、気持ちが軽く前向きになることも多いです。二人（複数）で話すからこそでもあり、お互いの考えが深まります。	「失敗したというけれど、必要な経験をしたんだね」「子どもたちがいっつも口答えするなんて、甘えられる存在なんだね」
⑧ 区別する、小さく分解する	頭の中に散在するあれこれ、もやもやする事を一つひとつ分けて考え、ことばにして確認し、整理していきます。	漠然とした不安やストレスを軽減し、あれもこれもと頭の中がいっぱいで思考停止になっている状態から次の行動を見つけやすくなります。	

話し合いのスキル②
最強の「チーム家族」になるスキル

①お互いの理解や納得の程度を確認し合う：

　二人三脚はもちろん、家族の、たとえば四人五脚が安全走行になっていますか。息を合わせる気持ちが大切です。

②お互いの強み、経験を活かす：

　これまでの経験、知識、スキル、交友関係など、あらゆる「リソース（資源）」を大事にします。

③話し合いに優先順位をつける：

　短期、中期、長期の話し合いテーマがあります。そこに、重要度と緊急度を重ねて考えてみましょう。

【話の優先度】

重　要

緊急　①　②　緊急でない

③　④

重要でない

④あえて話し合いを中断する、延期する、仕切り直す：

　何だかうまく進まない、話し合いの雰囲気が悪くなったと思ったら仕切り直してみて。

⑤周囲とのつながりを大事にする、周囲に助けを求める：

「家族で抱え込まない」ことが大事です。常に周囲には、あなたを助けてくれる人も場もあることを絶対に忘れないでください。

スキルを用いて、話し合いを重ね、家族の幸せが最大化するステップ

【ステップ1：自分を整える】

・自分自身の態度や話し方などを客観視する

・考えや気持ちをことばにし、素直で正直な自分自身を表現していく

・パートナーや家族との話し合いにおいて出来ること、工夫できることから実践する

【ステップ2：相手を知る】

・相手の考えをまずは批判せずに聞く

・意図してことばや問いを選び、使うことで、相手を深く知る

・お互いの気づきを大切にする

【ステップ3：違いを楽しむ】

・異論反論、お互いの違いこそが「チーム家族」に大切であることを伝え合う

・確かな信頼関係を得るために、オープンマインドで話し合いを続けていく

「こうなりたい」ワークショップ

どんなパートナーでありたいですか。どんな親でありたいですか。

心地よく話し合う環境をつくろう

　話すテーマによって、どの時間帯が良いか、どんな雰囲気が良いか、どんなツールを使うとうまくいくか、夫婦で探ってみましょう。

　たとえば、私たち夫婦の場合は、

①時間帯

- 天気が良い日中は、子どもたちの勉強のこと、生活のこと、進めている仕事の話、楽しい話題など
- 子どもが寝静まった夜（主に週末）は、仕事の目標、長期的な話、政治や社会の話など、深い話（ワインを飲みながら）

②雰囲気づくり

- 天気が良い日は、公園や近所を散歩しながら
- 気になったお店のランチを予約して。近所の気軽なラーメン店もあれば、時には普段は行かないレストランを予約して。
- 部屋の明かりはすべて電球色（オレンジっぽい色）か、間接照明。インテリアの雰囲気づくりは明かりで決まります。部屋の隅々まで明るくしません。調光機能を利用して、夫婦二人で話すときは、さらにほの暗くします（後付けの調光器で調整することもできます）。
- 秋冬はキャンドルをともすと雰囲気が出ます（火の利用が心配な場合は、電池式のキャンドルもあります。IKEA、LED キャンドルなど）。

③座り方

●椅子の向き、お互いの座る位置によって気持ちが変わります。いろいろ試しています。真正面に対峙、斜め、横一列、ハの字、直角など。

④ツール

●美味しい食事、おつまみ、スイーツ、お酒、飲み物

●詳しい話をしたいときは、手元に資料やデータを準備

●スマホがあればすぐ検索もできて便利

●ノートやペンで気になったことをサッとメモ

季実治の視点

「笑顔が一番」

笑顔は最高の宝物だと思う。夫婦や家族で、お互いに少しでも相手が喜ぶことをして笑顔になれるなら、こんなに嬉しいことはない。そうでいられる状況をつくるにはどうしたらいいかと、お互いにアイディアを出し合うのも楽しいこと。パートナーや子どもたちが笑顔でいてくれたら、仕事にも安心して集中することができる。

3.章

キャリアに
ついて
話し合う

パートナーと共にキャリアをつくる

　夫婦共働きが主流の時代です。

　家族が一つのチームとして、幸せを最大化するために夫婦は働き方の緩急を見定め、柔軟に働き方を変えながら、「男性（夫）だから、女性（妻）だから、子どもだから」と従来の役割に縛られることなく生活していく時代です。

共働き等世帯数の年次推移

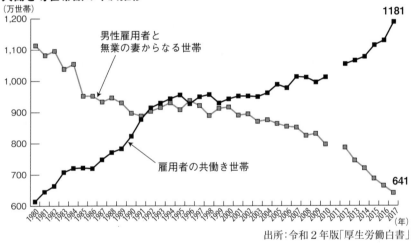

出所：令和2年版「厚生労働白書」

　当然、試行錯誤あり、話し合いが必須のチームづくりです。

　働き方はさまざまです。ひたすら仕事に集中したい、した方がいい時期があるでしょう。転職や転勤の可能性もありますね。ここぞというチャンスを逃すことはありません。仕事より育児や介護を優先し大切にすることもあります。幸せは他者との関係性の中から生まれるからです。

そして、生涯に渡り、学び（インプット）の時間をとることが必須です。
　仕事と並行しながらできることもあれば、休職や退職をしてまとまった時間が必要な場合もあります。家計との相談もあるし、学んだあとのビジョンも共有しておきたいので、家族の事情を考えずに自分一人では突っ走れません。

健康的にキャリアを積む

　人生の多くの時間を費やすことになる仕事の時間。だからこそ、不平や不満、心身の不調を見て見ぬふりして働くわけにはいきません。
　今後ますます重要なのは、「心身とも健康に働くこと」です。夫婦がお互いにしっかり休むことができる体制を整えておくことは大事です。
　わが国における労災請求件数は増加しています。仕事の強いストレスに伴う精神障害の労災認定は２年連続の増加で、2020年度は過去最多を更新しています。精神障害の原因として明確に認められたパワハラの労災認定も急増しています。

ストレスワークショップ

　仕事や日々の生活で過度なストレスはありませんか。
　心身の健康に関して気になることはありませんか。
　下記の空欄に書き入れてみましょう。

すべての経験が糧となる

キャリアとは何でしょうか。

「キャリア」の語源は、ラテン語の「carrus（車輪の付いた乗り物）」、あるいは「carraria（車輪の通った跡）」と言われます。厚生労働省のホームページでは、「『キャリア』とは、一般に『経歴』、『経験』、『発展』さらには、『関連した職務の連鎖』等」と記されています。

2016年より国家資格となったキャリアコンサルタントは、職業を中心にしながらも、個人の生きがいや働きがいまでを含め、人生全般にわたるキャリア形成を支援します。

キャリアコンサルタントの学びを通して、私自身が深く心に刻んだことは、「自営にしろ、組織に勤めることにしろ、給与を得て働くことだけがキャリアではない」ということです。

また、生涯を通しての学び、仕事、結婚、趣味、家事育児、介護に関することなど、人生を通じての経験、その一人ひとりの貴重な経験すべてがキャリアです。

人生100年時代です。安定や安心は心の平穏には良いですが、そこに居続けることを目的にするには人生はあまりに長いです。定年退職後も十分な時間があります。だから、新たな挑戦も、遊びや寄り道も、無駄に思えることも、豊かなキャリア形成には欠かせません。

主体的にキャリア形成に取り組むことは、イコール、自分自身のこれまでの経験を棚卸しし、自分自身が、自分の最大の理解者、応援者になることです。

しかし、一人で考えていると、どうしても思考に癖が出てしまった

り、考えが堂々巡りになったりするものです。

　**今こそ欠かせないのが、パートナーとの［キャリア＝生活］について
の話し合いです。**

 ## リアルなお金の話

　キャリア、つまり生活そのものの話をするのに、お金の話は避けて通
れません。

　夫婦の収入額が、［夫＞妻］であるべき、そうあってほしい、そうで
ないと嫌だという気持ちはありませんか。もしそういう気持ちがあれ
ば、それも夫婦で話してみてくださいね。なぜそう思うのかと。

　休職、離職、転職、さまざまな変化が想定される中、夫婦のお互いの
収入の高低を気にしていても仕方ありません。お互いがお互いのサポー
ターとしてできることをする、その中で家族の幸せが最大化すればいい
と思うのです。

　夫婦でお金の話をしっかりできれば、子どもたちにもその大切さを伝
えることができます。私たちは子どもの頃からお金のことを学ぶ必要が
あるにもかかわらず、学ぶ機会はほとんどありません。

　夫婦でも時期を逃さず、一つずつ整理し、話し合いましょう。

A「この前、はじめてファイナンシャルプランナーの相談を受けたね」
B「金融に詳しい友人の紹介で**独立系ファイナンシャルプランナー（F
P）**に出会えてよかったよ。中立的、客観的にアドバイスをもらえたと
思う」
A「**結婚前からの保険でそのまま手つかずのものもあったね。二人の預
貯金額をしっかり見て話す時間は取ってなかったね**」
B「給料から**天引きされている保険料**のことも改めて理解しなくてはと

気づかされたよ。**社会保険や企業の社会保障制度**で足りない部分は、家族の事情に合わせて民間の保険を選んでいく。もちろん、個人資産や収入でカバーできれば、無理に保険に入らなくていいわけで。

　でも、自分が寝たきりの状態になるとか、長期で仕事ができなくなる**リスクまで考えた**ことはなかったな」

A「そうね。それから、たとえば住むまちによっても**子どもの医療助成制度**が違うね。公立中学校では学校給食の有無もあるし、校区によってクラス規模もだいぶ違うみたい」

B「深く考えてこなかったけど、**どこに住むか**の選択も大事だな。子どもが大きくなったら今のマンションから戸建てへの**転居**もあり得るよね。マイホームを考えるならどこに建てるといいだろうって考え始めても早過ぎるってことはないね」

A「何より、FP 相談に行く前に、**どんな生活がしたいかのシート**に一緒に書き込んだのも良かったね」

B「そう。**マイカーの買い替え**はいつとか、**家は所有か賃貸か、今後の出産予定**も。子どもの教育費の負担が重くなるのは大学進学時。理系か文系か、実家から通うか一人暮らしか。幼稚園から大学まですべて国公立で1000万超、すべて私立で大学が文系だと2500万～3000万円との試算には正直、びっくりした。子どもが私立中学に行くなら３年間でざっと300万は……」

A「お金がかかるね。**家族旅行はいつも思いつきで行ってた**けど、これからは**予算を立てて計画的**にしよう」

B「そうだね。今はお金に困っているわけではないから何となく大丈夫と思っていたけれど。**支出を見直したり、できることもあるね**」

A「**お金の運用**については、改めて相談に行こう。我が家の**冷凍庫のお金**（58ページ参照）はどのくらいだろう」

B「これからの時代は、働き方もどんどん変わるだろうね。**転職や副業**の話も周りで聞くよ。お互いがやりたいことを実現できるよう、家族皆

が健康で笑顔でいることが一番」

A「**子どもの成長とともに出費も変化するし、想定外のこと**も当然あるだろうから、家族での話し合いが本当に大事だね」

たとえば、こんなことを話し合いましょう

- 保険は、入るか、入らないか？　もし、寝たきりになったらどうする？
- どこに住む？　自治体によって、医療助成制度や給食制度が異なります
- 子どもの教育は？　習い事は？
- マイカーの購入や買い替え時期は？
- マンションか、一戸建てか？　マンションは（災害等）万が一の大規模改修は困難山積
- ライフイベントのシートを書いてみよう（59ページ参照）
- お金の運用については？

マンション？戸建て？

家族のお金を４分類で捉えてみる

　食品の保存方法に例えを借りて、すぐ使うお金はまな板の上、明日（中期）使うものは冷蔵庫、長期保存は冷凍庫や缶詰で保存（運用）と捉えます。お金の使い道、必要額、いつ必要になるのかの時間軸が異なるため、ふたりでライフプランを考えながら、適切な保存方法（金融の仕組み）を知り、上手に活用していく必要があります。

まな板のお金	日常生活費、～３年に必要となる諸費（現金、預貯金）
冷蔵庫のお金	～10年に必要となる諸費（債券など）
冷凍庫のお金	10年～30年の長期保存しながら時期を待つ（株式など）
缶　詰	30年以上の長期保存（不動産など）

二人でチェック！

□独身の頃やある時期に加入した保険がそのまま、手つかずになっているもの、あるいは、過度な保険はないでしょうか。見直しが必要なものはありませんか。

□毎月の収入、社会保険料、各種税金、日々の生活費にどの程度かかっているか確認していますか。

□万が一の備えは大丈夫ですか。「万が一」とはどういう状況でしょうか。

□収入増加が必要ですか。具体的にいくらですか。

□支出の見直しは必要ですか。具体的に何の支出でしょうか。

□働き方で見直したいことはありますか。

□お金のことに詳しい友人知人はいますか。相談しやすいアクセス先はありますか。情報を収集しましょう。

ライフイベントを想定する

　教育費が必要な時期と重ねて、マイホームや車の購入（買い替え）などが重なることがあります。出費がかさむ働き盛りの40代前後には年齢的に体調を崩しやすくなることもありますね。

　また、育児と介護の時期が重なる方も増えています。

　将来設計に関する話し合いは、具体的であればあるほど何をすべきかが明らかになり、安心感につながります。先が見通しにくい時代だからこそ、想定されるライフイベントを押さえておく必要があるでしょう。

（例）

	2020	2025	2030	2035	2040	2045	2050	2055	2060
夫	37	42	47	52	57	62	67	72	77
妻	35	40	45	50	55	60	65	70	75
子	4	9	14	19	24	29	34	39	44
子	0	5	10	15	20	25	30	35	40

【家族で毎年計上したい予算】
家族旅行（国内）、帰省旅費、家電の買い替えなど

【想定されるイベントのうち特に話し合いが必要な例】
第三子の可能性、子どもの中学受験、大学進学、マンション or 戸建て購入、車の購入や買い替え、引っ越し、居住地の変化など

ライフイベントを見て感じたこと、考えたことを二人で共有しましょう。

　もっとも教育費がかかるのは、子どもの大学進学時期です。子どもの進路の方向性によってその額は大きく異なります。

　子どもたちには高校を卒業したら親元を離れてほしいと個人的には思っていますが、わが国では、一人で暮らすための質のいい住宅が整備されているとは言えません。都市によっては、家賃負担は相当な額になります。

　また、国公立大学の授業料は増額してきています。国公立、私立に限らず、高等学校等の国や各自治体からの授業料軽減助成金などもあり、変化をしっかり把握していきましょう。

　たとえば、我が家は、夫婦と子どもたちの年齢を重ね合わせると、教育費が最大になるのは、2030年頃、私たちは50代半ばです。さらなるもう一山は夫婦ともに60歳を過ぎてから。

　つまり私たち夫婦は、少なくとも60歳前後では、収入が減ることなくむしろ増加している必要があり、何をすべきか、何ができるか、話し合いが続いています。当然、健康でいることが最低条件です。

（例：我が家）

	2021	2022	2023	2024	2025	2026	2027	2028	2029	2030	2031	2032	2033	2034	2035	2036	2037	2038	2039	2040	2041	2042	2043	2044	2045
夫	46	47	48	49	50	51	52	53	54	55	56	57	58	59	60	61	62	63	64	65	66	67	68	69	70
妻	47	48	49	50	51	52	53	54	55	56	57	58	59	60	61	62	63	64	65	66	67	68	69	70	71
長男	12	13	14	15	16	17	18	19	20	21	22	23	24	25	26	27	28	29	30	31	32	33	34	35	36
次男	9	10	11	12	13	14	15	16	17	18	19	20	21	22	23	24	25	26	27	28	29	30	31	32	33
三男	3	4	5	6	7	8	9	10	11	12	13	14	15	16	17	18	19	20	21	22	23	24	25	26	27

　　　　　　　　　　　　　　　　　　教育費が最もかかる時期

　また、終わりがある子育てとは違い、介護となると月日とともに状態が悪化するという心配が拭えません。老いてくる親の介護に関する話し

合いも同時並行で行う必要があります。

　遠方に住んでいる場合は、帰省費用もかさみ、気力体力勝負の一面もあるかもしれません。その時、仕事は続けられるでしょうか。親の性格や性別、考え方によっては対応に工夫が必要になるでしょう。

　何が優先順位の上位になるかは、時期によって変わり続けます。結局、私たちはどんな人生を歩みたいかと自分自身に問い続け、答えを探し続けているのです。それがキャリアです。

私を振り返る「ライフラインチャート」

　世間で今注目されているあの人も、誰もが知る著名な人も、「プロフィール」には、素晴しく立派な業績が並ぶことが大半です。しかしもちろん、文字上には表れないところで、相当な苦労、努力、悩みや葛藤（かっとう）が当然あります。隣の芝生は相当に青く見えるものです。

　様々な紆余曲折（うよきよくせつ）も糧（かて）にしながら、オンリーワンのキャリアを描けたら素敵です。
　夫婦や親子でお互いのキャリアを尊重し合えたら、どんなにいいでしょう。
　そのためにも、改めて自分のこれまでを振り返ってみませんか。

就職活動、転職活動、さまざまな転機において、自分自身を振り返る作業をしたことがある方は多いでしょう。「自己理解」とも「棚卸し」とも表現されます。

　岐路や転機の局面で、過去を見つめる作業は非常に有効です。これまでの経験、経歴、関連することすべてにあなたが表れるからです。自分自身を見つめる作業なしに、将来を描くことは難しいです。

　自己理解のツールの一つとして、「ライフラインチャート」があります。過去の経験や出来事に合わせて、その時の感情を大切に扱い、書き出していきます。

経験・出来事＜感情

　たとえば、周囲から羨ましがられるほどの学歴や業績があっても、そのときの気持ちが必ずしもプラスばかりではないかもしれません。大失敗をして落ち込むことがあったのに、マイナスにはならない自分に気づくかもしれません。

　周囲の評価や社会的立場を気にせず、素の自分をシンプルに見てください。

お勧めは、誰かとそのチャートの曲線について話すことです。夫婦で話せるといいですね。実際のキャリアコンサルティングやコーチングの現場そのものです。

誰かと話すときは、批判したり評価したりせず、質問を繰り返します。自問自答でも構いません。「なぜ、悲しかった？」「どんな風に悲しかった？」「ここからどうやって立ち上がったの？」「どんなことが嬉しかった？」「他にはどんな気持ちがした？」

掘り下げていくうちに、あなたの中の「価値」が見えてくるに違いありません。
生きていく上で大切にしたいこと、働く中で大事にしたいこと、どうしても譲れないことも。

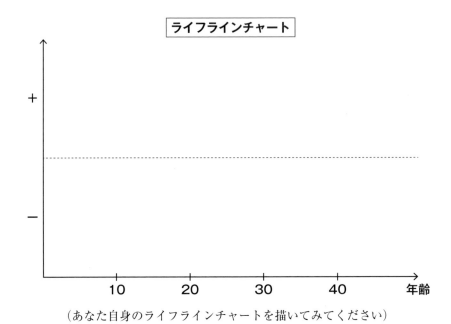

（あなた自身のライフラインチャートを描いてみてください）

書き方

①横軸に年齢（スタート年齢は自分が振り返りに最適だと思う年齢でOK）

②縦軸は上部をプラス、下部をマイナスと取る。プラス、マイナスとは自分の出来事に対する評価や感情全体がどのようにぶれたかということ。

③自分自身に影響を与えた経験や出来事とその時期を思い出します。

④その時の充実度や満足度を含めた気持ちを、表の上方をプラス、下方をマイナスとしてプロットしていきます。プラスマイナスのブレ幅はご自身の感覚で構いません。

⑤それらの点を曲線で結びます。

⑥プロットした時々に何があったか、書き出してみましょう。

特に、これからのキャリアをどうしようと道に迷ったとき、未来が見

えにくくなったとき、大切にしたい価値を軸に、これまでのストーリーの続きはどういう展開にしようかと、自分で脚本を書いていきましょう。案は無数にあります。

わがままが言いたい
〜やりたいことをやるには？

　どんなに大人になっても、わがままを言いたくなるときがあります。
　きっと私たちは思っているほど大人じゃありません。好きだ、嫌いだ、何だかんだと駄々をこねたい気持ちは自然にわくものです。あまりに空気を読んで、周りに配慮して、物分かりの良い大人ばかりを演じなくてもいいでしょう？

　時に自由に楽しそうに、気持ちに素直に好きなように生きている大人がたくさん増えたなら、それを見ている子どもたちは、早く大人になりたい！とわくわくするに違いありません。

　「私だって○○がしたい！」と声を大にして言ってみて。内容はさまざま。「今は出来ない、難しい」と考えているだけかもしれません。
　そしてパートナーにも、何がしたいのか聞いてみて下さい。

　料理好きの会社員の彼女はいつか自分のお店をもちたいとパートナーに話しています。大好きな釣り生活を楽しみたい夫と、山好きの妻は、あちこちに旅行するたびにどこに住まいを構えるか、イメージを膨らませています。

　特に、人生を通してやりたいことがあるのなら、「私は決して、私が主役の舞台からは降りない」と強く思っていてください。一つでいいから、好きなこと、得意なことを継続したり、情報をキャッチし続けたり、学び続けましょう。誰に何と言われても、その心の明かりを消さないでください。

　ところで、たとえば、二人の間に子どもをもちたいと思ったら、仕事や周囲のことに遠慮せず、先延ばしにしないでください。妊娠や出産ほど、私たちの意思の範疇（はんちゅう）を超えた奇跡の連続と思うことはありません。

　自分が選択した道を、パートナーと話し合って決めた道を、わがままに、堂々と進むだけです。

　我が家も、折に触れ、お互いの一番の夢、一番のやりたいことについて話しています。

ある日の話
英子：「前から宇宙に行くって言ってるの、あれ本気なの？」

季実治：「死ぬまでに宇宙に行くよ、行きたいね、いや、絶対行くよ」

英：「ふーーーむ。いや、だって、宇宙だよ、宇宙。北極とか南極とか、そのあたりまでは何とか想像できるんだけど、宇宙って」

季：「もしかして無理とか思ってる？　時代は変わっているし、もっと変わる。気軽に宇宙に行ける時代は決して遠くないよ？」

英：「たしかに、20年前の環境と今は全然違う。国際電話にン万円かけていた時代に比べたら、無料の通話手段がいくつもあるし、インターネットで世界が身近になった。でも、宇宙って……」

季：「宇宙に行けますよ、というチャンスが来たときに、すぐに手を挙げられる状態にしておくんだよ。斉田さん行きます？と誘われるための準備もする。宇宙に行く企画が通る、通す仕事もできるよね。そのための専門性を磨くことにはわくわくするし、その仕事に近しい人とつながりをつくることもできる。どうしたら行けるかを具体的に考えているだけだよ」

英：「たとえばどんな？」

季：「宇宙ビジネスのコミュニティに参加して、実際に宇宙に行く人と知り合いになったよ。宇宙飛行士ではなくて一般の人。彼がどんなことをして、いったいいくらで宇宙に行くのかという現実的なことも含めて、彼からたくさんの情報をもらえる」

英：「一般の人でも宇宙に行くんだね！」

季：「仕事に絡めて、［宇宙天気］のプロジェクトに関わっている。宇宙に行く時代には宇宙天気も天気予報と同じように毎日見るものになるだろうからね。宇宙に関するいろいろな専門家とのつながりができつつあるよ」

英：「なるほど！」

　大きな夢でも、どんどん具体的な、小さな、できる行動に落とし込んでいくと、「宇宙に行く」「宇宙に近づく」ための一つひとつの準備は、実は、そんなに無謀な非現実的なことでもないことに気づきます。なんだか急に宇宙行きが近くなって、私まで一緒に行きたくなっているから不思議です。

　具体的な、小さな、できる行動に落とし込むか、そしてその行動をするか、しないかの問題です。何だか無理そう、いつか考えよう、と思っているとあっという間に10年が過ぎていきます。

「私だって、○○がしたい！」とわくわくしながら話してみましょう。
　そして、どんどん具体的に掘り下げてみましょう。

したいことワークショップ

　何の制約も考えないでいいとしたら、あなたが一番したいことは何ですか。
「○○がしたい！」と書いてみましょう。そして、その思いを叶えるために出来ていること、していること、する予定のことは何でしょうか。

○○がしたい！：

_____

→すでにできること：_____
→そのためにこれからできる小さな行動リスト三つ：

_____

_____

_____

ハプニングを引き寄せる

　私はジョン・クランボルツ（John D. Krumboltz）が述べるキャリア論に関する考え方にとても共感しています。それは「偶発的な出来事を意図的に生み出すように積極的に行動すること」（計画された偶発性理論：Planned Happenstance Theory）です。

　曰く、個人のキャリアの8割は予想しない偶発的なことによって決定される。ポイントは、偶然を計画的につくり出すことです。

　たまたまのチャンスを見逃さないよう、常にチャンスに備え、準備をしておく必要があります。嬉しい出来事、幸運な出来事が「たまたまだったの！」と思わず言いたくなるようなことはありませんか。それは、「たまたま」を引き寄せているのです。

「チャンスをつかむ」ために、自分が何をしたいか、何が得意か、好きか、心をオープンにして考え、小さくても行動を起こしているか……。失敗も経験しながら、アンテナを張り続けましょう。

　たとえば、留学希望があるにもかかわらず、語学準備が後手後手になる人がいる一方で、コツコツと学習を続け、奨学金等の競争的資金の情報を逃さずキャッチし、確実に獲得する学生がいます。

　また、自分自身の人間関係の深い悩みを経験して、カウンセリングの学びを深め、教育現場で活躍する友人がいます。

クランボルツは、偶然の出来事を糧にするために、好奇心をもつことと、失敗を恐れず継続的に努力すること、自分の考えに固執することなく時代や状況に柔軟に対応すること、何より楽しむ心や冒険心をもつことが大事だと言っています。

二人で冒険の旅にでよう

　私たち夫婦は、出会ってすぐの2008年に、「10年後の私たち」と題してワークショップをしました。

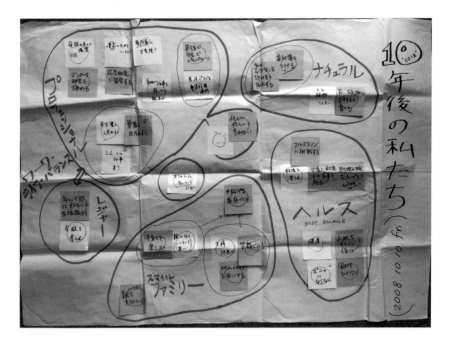

　当時は、10年後なんて遠い先だと思っていたのにあっという間でした。10年前、出会った当初にワークショップをしたのですが、そこに書き出した項目のほとんどその通りの10年でもありました。

もちろん、想定外のこともたくさんありました。

　一見、計画しているように見えることがそうでもなかったり、計画していないように見えて、実は綿密に戦略をたてていたこともありました。

　大事なことは、二人が同じ方向を向いているか、お互いが心の深層で大切にしていることを尊重し合っていること。お互いが最高のサポーターであり続けるために話し合いを続けます。

　さあ、次の10年はどうなるでしょうか。どうしたいですか。人生には予測不可能なことが多いです。だから、キャリアのことについて、つまり生き方そのものについて考え続けましょう。

　繰り返しますが、給与を得て働くことだけがキャリアではありません。予測がつかないこともあるとはいえ、二人で同じ方向を見ていたら、必ずその方向へと導かれます。逆に、ある程度先を見ていないと、行き当たりばったりのドタバタ生活が続くでしょう。

10年後ワークショップ

　準備するものは、付箋紙と少し太めのペン（文字が見やすいように）。付箋紙を貼り付けるための模造紙を準備すると「さあ、やるぞ」と気持ちが高まるのでお勧めです。もちろん、書き出した付箋紙は、見やすい壁やテーブルに貼ってもいいです（終わった後は写真に撮っておきましょう）。

① To do リストを書き出すだけではありません。「〇〇の資格を取得する」で終わらず、資格を取得してどういうことをしたいかを書いてみましょう。

②10年後の年齢も想像しながら、こういうことをしていたい、こういう人でありたい、こんな生活をしていたい、こういう状態でいたい、とわくわく考えてみてください。

③付箋紙１枚に一つのことを短い文章で表現します。一人何枚でもＯＫ。

④お互いが付箋紙に書いたことを読みながら模造紙などに貼りだします。テーマごとに並べ替えたり見やすく整理したりしてください。模造紙の場合は、紙の余白にいろいろ書き込めるので、話しながら気づいたことをメモしておくのもいいですね。

「男女平等」にこだわらない

私自身は息子を３人育てているので、これからの「男性」の働き方や生き方にはかなり関心があります。もっとも、大切なのは、男性や女性という枠を超えて、各個人がどう生きるかです。ですから、共働き夫婦のキャリアの「平等」にはまったくこだわりません。

話し合う中で意識しているのは、「得意／好き」「不得意／好きではない」軸と、「やってみたい／やっている」「やりたくない／やっていない」の軸です。

私が家事育児全般をマルチタスクでこなすスキルは、夫をはるかに上回ります。食事作りでは、短時間で何皿も準備することができますが、毎日作ってと言われたら、うんざりするのも事実です。作ってもらって食べる幸せは何とも格別。夫に時間があるときは遠慮なく食事作りをお願いします。子どもたちは父さんが作るカレーライスが大好きです。

また、私は、細々とした作業や、家電の修理、説明書を読みながらの組み立て作業は不得意で好きではありません。最近は夫ばかりでなく、

得意な長男にもお願いしています。

　もちろん、お互いが不得意で、好きではない、という部分は、外注するという考えがあります。不得意だけどやってみると嫌いではないという作業もあるかもしれませんね。

　お互いの家事の得意・不得意や、「やりたいこと」「やりたくないこと」を見える化したら、家事の分担もうまくいくのではないでしょうか。一度、下記のような図を作ってみるのはいかがでしょう。

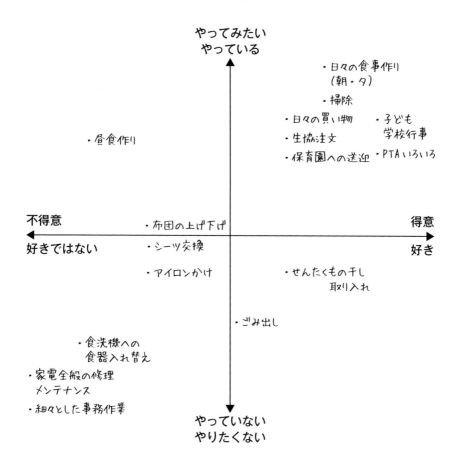

「仕事は好きなことをしていたい」

一日の1／3以上の時間を費やすことになる仕事をどんなものにするかは人それぞれ答えがある。必ずしも好きな仕事や楽しいことばかりではない。しかしその中で自分なりに工夫をし、ここで何を学び取れるのかと積極的になれたら、仕事の時間は何倍も有益になるだろう。私は楽しいこと、好きなことを追求していたいからこそ、転職し起業もした。そして何より子育てという一大プロジェクト。忙しいからこそ、子どもたちとどんな時間を過ごすかをいつも考えている。

4 章

子どもに
ついて
話し合う

子どもは大人を見ている

　子どもは大人（親）をよく見ています。

　まっすぐな瞳で、素直な心で、時に痛烈な批判とともに、大人（親）を見ています。

　嘘やごまかしなく生きていますか。大人（親）として、どんな姿を未来の子どもたちに見せているでしょうか。

　完璧な人などいません。親子は、年齢や立場を超え、時に同じ目線に立ち、聞き合い、話し合い、日々の暮らしをともにつくっている仲間です。

　子どもは少なからず両親の関係を見て育ちます。

　家族の中の小さな政治を見ています。たとえば、力関係があり、発言力の差があり、決定権がどちらにあるかも感じているでしょう。

　子どもの話をしっかり聞きましょう。もし、間違っていたら、間違っていましたと認め、謝り、ごまかさずに自分のことばで説明責任を果たします。

　「お父さん／お母さんって、○○だよね」というときの○○はかなり言い得て妙です。

　ありのままの不完全な人間同士のめんどくさい関わりこそが家族だと、お互いの違いを認め合えたら幸せです。

子育てはハプニングだらけ

おはよう、いただきます、いってきます、おかえり、ありがとう、ごめんね。

基本的なあいさつを夫婦間で意識して交わしていますか。改めてことばはとても大事だと感じます。

親子関係は上下関係、主従関係ではないと強く信じています。一人の人間として、お互いを尊重して接する関係であるべきです。親は、子へ強く指示する、教え諭す必要があるときがありますが、それ以外の場面では、話し方、接し方の使い分けをする必要があります。

子育てはハプニングの連続です。あの子には当てはまったことが、別の子には当てはまらないということはよくありますね。その中で親として迷い不安になったり、イライラします。

夫婦の価値観や態度の違いも明らかになるかもしれません。

一人の人間を育てることは並大抵のことではないと感じます。

私はこう思うけれどあなたはどう思う?　と確認しながら、夫婦でともにアップデートしていきましょう。

子どもの障がい、精神疾患

　44歳での出産になると分かったとき、NIPT検査（注）を受けました。2018年当時、検査の事前説明では、女医の先生が日本ではこの検査を積極的には説明したり、推奨したりはしていませんと仰いました。世界各国の事情と日本の事情は違います。

（注）NIPTとは妊娠10〜16週に採血を行い、21トリソミー（ダウン症候群）、18トリソミー、13トリソミーについての確率（陽性、陰性、判定保留）を計算する検査。NIPTは出生前遺伝学的検査の一つであり、胎児の心配ごとに対してどのように対応するのが自分たちにとって最良かを考える選択肢の一つ（国立成育医療研究センターHP参照）。

　検査額も決して安くはなく、予約は混み合っており、早い週数のうちに受けなければならないと決断を迫られます。検査を受けるか受けないかの選択は個人、そして夫婦に委ねられます。

　当時、何より驚いたことは、NIPT検査を受ける女性（パートナー含む）に、ダウン症を知らない方が多いという医師の説明でした。
　ダウン症はどの国にも、800人から1000人に１人の割合で生まれるというデータがあります。もちろん、子どもの障がいといってもさまざまあります。生まれつきのものもあれば、年齢を重ねてから分かることもあります。
　子どもの障がいに関して、皆が当然知っているだろうと思っていたことがそうではないと知った衝撃は、私自身にもまだまだ知らないことがたくさんあると気づいた瞬間でもありました。

子どもの心身の成長に関する話し合い

（番号は、44～45ページの「違いを楽しみ、調整するスキル」の表の番号を指します。八つのスキルのいずれかを使用しているものを**赤くしました**）

A（テレビの報道を見ながら）「精神疾患の方が増加かあ……」

B（スマホでも確認）**「増加しているね**……（②）。（スマホで）【障害】のキーワードで検索したら、すごくたくさん出てくるよ。うつ病を含む精神疾患者数は400万人以上だって」

A「急増とも書いてある。実際、会社でも課題として取り上げられた……」

B「いろんな事情から、心身の障害に至る……今までの日常生活に支障をきたす状態になり得るね。もちろん、子どもたちだって。**何か予防策はあるのかな？（③a）**」

A「会社では部下の話を前より意識して聞くようになったよ。子どもたちは朝起きてきたときの様子を見るようにしてるよ。きつい、だるいと言ったり、ちゃんと寝てるはずなのに眠いとか暗い表情をしていたり。食欲はあるかどうか。**他にはどんなことを注意したらいいだろうね（⑤）**」

B（スマホで検索しながら）「心のサインとも書いてあるよ。無気力、無関心、意欲や集中力の低下と書いてある。今、頑張って取り組んでいる部活動や、大好きな漫画本を、楽しめているかとか」

A「**そうだね。こうやって話せるだけでも心強く思うよ（①）**」

---

①Ⅰメッセージ
②オウム返し
③aオープンクエスチョン・bクローズドクエスチョン
④a過去質問・b未来質問
⑤話を縦横に展開する
⑥キーワードを拾う
⑦言い換える・異なる視点を提示する
⑧区別する・小さく分解する

　ニュースやさまざまなデータを検索し、情報を共有しながら、自分事、家族の事として捉えて話せるといいですね。自分だったら、我が子だったら、と具体的に考えることは、万が一の備えになります。オープンクエスチョンを使って考えを出し合いましょう。

子どもが友達とけんかしたら？

　子どもの頃、友達とけんかをしたことはありますか。

　そのとき、どんな気持ちでしたか。その後のあなたに何か影響を与えていますか。親が介入したか、どうしてほしかったか、してほしくなかったか、というストーリー全体の中にヒントがあります。

　夫婦でどんな経験があったか、どんなことを見聞きしたことがあるかと、具体的に話してみてください。知恵も反省も、答えは経験の中にまずあります。

子どものけんかについての話し合い

A「＊＊君のお母さんからラインが来て、『○○（息子）と★君（クラスメイト）が休み時間に言い合いになって、少し取っ組み合いになったみたい。知ってる？』って。私はぜんぜん知らなかったからちょっとびっくりして（①）」

B「それはびっくりしたね（②）。喧嘩したのか？」

A「まだ○○（息子）には確認してないんだけど。様子はふだんと変わらないから……**はっきり聞いてみてもいいと思う？（③b）**」

B「いいとは思うけど。わざわざ連絡してくれたことを考えると、普段とちょっと違う感じだったかもしれないね。でも、**どんな風に聞けそう？（③a）**」

A「そうねえ。ストレートに聞く以外は……んーー……最近の学校の様子をじっくり聞いてなかったから、まずそのあたりを聞く？」

B「それは話しやすいだろうね。**でも最近の様子っていっても具体的には？（⑤）**」

A「たとえば、今は運動会の練習をやってるから、そのあたり？　リレーの練習も頑張ってるみたい」

B「いいね」

A「本当に★君と喧嘩して、喧嘩したまま悪い状況だったらどうしたらいいかな、心配。**こんなときどうしたらいい？（④b）**」

B「**ひとまず普段の話を聞いて、そして、ラインで聞いた内容を確認してみよう（⑧）。友達との関係がまだ悪そうなら、３人でゆっくり話してみようか（③b）。**○○だって言いたいことたくさんあるかもしれない。それを聞いてあげることが何より大事だと思うよ」

---

① I メッセージ
② オウム返し
③ a オープンクエスチョン・b クローズドクエスチョン
④ a 過去質問・b 未来質問
⑤ 話を縦横に展開する
⑥ キーワードを拾う
⑦ 言い換える・異なる視点を提示する
⑧ 区別する・小さく分解する

子どもの教育方針は？

　夫婦でお互いの幼少期から中高生時代の経験に重ねて、子どもたちの
教育方針のことを話すことがあります。過去の経験に基づいたほうが考
えやすいからです。しかし、同時に、二人の考えの違いもはっきりしま
す。お互いの育ちの環境がまったく違うから当然です。特に、身近な親
がどう接したか、親や周囲からどんな声かけを受けたかも、その後を大
きく左右すると感じます。

　やさしい子に、明るい子に、元気な子になってほしいと子どもへの期
待は膨らむばかりですね。子の年齢によっては、そんなことより、具体
的な学歴や成果成績が気になっている方もいるでしょう。
　さあ、一人の人間としてどうあってほしいのか、正解がないからこ
そ、夫婦で話しましょう。
　時に原点に戻りながら。親としての成長のためにも。

子どもがゲームばかりしているとき
Ａ「どうしてあんなにゲームに夢中になるんだろう。**信じられない**

082

（①）。あなたはどう思う？（③a）」

B「どう思うって……でもまあ、楽しいのさ。ゲームだって大事だと思うよ」

A「**大事？（⑥）** 私は、ゲーム禁止の家だったからまったく馴染みがなくてね、まったくできないし。『**大事』ってどういう意味？（③a）**」

B「たとえば、ロールプレイングゲームには人生が凝縮されてる。それに、ゲームってボケーッとしてても出来ないんだよ、かなり頭を使うしね」

A「**人生が凝縮とはね（⑥）**。ははは。なるほど。ものは言いようだな。**ゲームを通してどんな学びがあったのよ（④a）**」

B「だって、何か目標をたてて、経験を積んで、新たなスキルを身に付けて、仲間とともに乗り越えていく。実際の生活でもそうじゃない。自分を高めるために資格を取得して」

A「……なるほどねえ……**まだありそうね？（⑤）**」

B「やっぱり、現実もそうだけどゲームでも仲間と一緒に乗り越えるってストーリー」

A「あなたは子どもたちの良き理解者にもなりそうよ（⑦）。とはいえ、ゲームをする時間のルールがだんだん守られなくなってるときがあるのはダメでしょう？」

B「そりゃあダメだ。ゲームばっかりじゃダメだ。ゲーム時間のルールが守られてないの？」

A「時々。ゲームをしたいからって、慌てて、適当に宿題を終わらせてたりすることもあるし」

B「ゲーム時間のルールの他に、話し合わなくちゃならないことがありそうだ。宿題のやり方や日々のこと。週末は話し合いだな。**他に何か気になることある？（⑤）**」

---

①Ｉメッセージ
②オウム返し
③ａオープンクエスチョン・ｂクローズドクエスチョン
④ａ過去質問・ｂ未来質問
⑤話を縦横に展開する
⑥キーワードを拾う
⑦言い換える・異なる視点を提示する
⑧区別する・小さく分解する

◉話し合いのスキルとしてのまとめ◉

　お互いの経験を通して、具体的な考えを出し合っていくと、それぞれの違いが見えてきます。違うときこそ、お互いをより深く知るチャンスでもあります。どうしてそう思うかなど、出し合ってみましょう。違いは問題ではありません。

ゲームのやり方、時間等のルールづくり

● (特に、親がまったくゲームに馴染みがない場合) 子どもがゲームを楽しいと思っていることを否定しないでください。どんなところが楽しいのか、どんな気持ちなのか、いろいろ尋ねてみましょう。

● **ルールづくりには子どもも参加します。** 一緒に考えましょう。

● 子どもの年齢、学年がどうあろうと、たとえば、生活時間が乱れることはダメだと親の考えを伝えます。寝る時間、起きる時間、学校にいる時間、帰宅して宿題をする時間、習い事の時間、食事やくつろぎの時間を書き出してみて、今どんな時間を過ごし、どのくらいの時間が空白時間なのか、見える化してみましょう。

● 今、空白となっている時間をどのように過ごすか考えを出し合います。親の経験も踏まえて伝えましょう。

● ゲームはたとえば、何曜日の何時から何時まで、あるいは夕食後の1時間など、**子どもにとって具体的で分かりやすい**スケジュールにします。

● 仮に制限時間を決めたなら、**「ゲーム時間にタイマーをセットする」と決めるのもいいでしょう。** 夢中になると誰しも時間の経過を忘れるものです。

● 最終的に決めたルールを子どもが納得しているか、確認し合います。

● 決めたルールが守られない場合はどうするかも話し合っておきます。

● すんなりスムーズにいくことばかりではありません。やりながら修正。必要に応じて、話し合いの場を設けます。

● 普段の子どもたちの様子を見て、時には自由にゲームに興じる日があってもいい、そんな風に生活全体を見ながら楽しめたらいいですね。

子育ての最終ゴール

子育てには終わりがあります。

大学生になっても親がいちいち出てくる場面に遭遇する昨今です。または、学生から、就職活動に親が意見してきて困ると相談を受けることも珍しくありません。

子育ての最終ゴールはいつでしょうか。何をもってゴールと言えるでしょうか。

仮に期限を決めてみるのもいいですね。期限があるからこそ考えること、すべきことが見えてきます。また、ゴールとしてのテーマは時に漠然としています。個別具体の日常生活に落とし込むと、親としてできること、何をサポートできるかが見えるはずです。

子育てのゴールについての話し合い

A 「最近は10歳は二分の一成人式って言うのか。○○ちゃん（娘）が通ってる保育園は、卒園生が10歳の年に集まりがあるんだって、楽しみだな」

B 「10歳かあ、小学4年生だね。**10歳までに何をしてあげられるだろうと不安になるな（①）。あなたはどう思う？　たとえば子育てのゴー**

ルは何歳あたり？（③a）」

A「そうだなあ……高校卒業かな。**大事なのは自立だと思うよ（①）、親が先に死ぬのが大前提だから**」

B「**なるほど。自立かあ（⑥）。子の自立に向けて、私たちができることは何かっていう話ね（⑦）**」

A「ずっとそばにいられないんだから、とにかく自分で経験を通して学んでほしいな。失敗も必要。今のうちに一緒にたくさん経験していきたいな。あなたには何かある？」

B「私は○○ちゃんが小学生になったら、『おこづかい帳』を準備しようかしら。お金の大切さ、そして自分のお金を何に使うかしっかり考えられるといいな」

A「**それはいいね、ぐっと成長していくね（⑦）**」

①Ⅰメッセージ
②オウム返し
③aオープンクエスチョン・bクローズドクエスチョン
④a過去質問・b未来質問
⑤話を縦横に展開する
⑥キーワードを拾う
⑦言い換える・異なる視点を提示する
⑧区別する・小さく分解する

●話し合いのスキルとしてのまとめ●

　正解のない話を楽しむのがポイントです。お互いの考えを思いつくまま出してみるのもいいでしょう。それはどういう意味？と深掘りしたり、気になったことばやキーワードがあればしっかり拾い、伝えます。

子どもたちに伝えたいこと、夫婦で話し続けたいこと

①人生は一発勝負ではない

　とにかく、一発勝負という世界の息苦しさは、私が10代の頃とあまり変わっていないように感じます。失敗してもまた何度でも立ち上がり、歩み続けることができる社会が望ましいです。

　親は、子どもを世間の何かの型にはめようとしたり、他と比較したりしてはいけません。一般的なキャリアのレールや、成功のレールのようなものを提示しないことです。親がわざわざ比較して見せなくても、子ども自身はすでにたくさんのプレッシャーや比較・競争の中にいます。だからこそ親は、目の前の子をしっかり見てください。その子にある宝をたくさん見つけてください。

　大学受験までは記憶力の良し悪しがかなり進路に影響します。同時に、パターン（傾向）を知りその解き方を学べた人が強いです。受験や試験にはテクニックの要素があります。

　大学では何を学びたいかと子どもと一緒に話していますか。
　18歳、19歳で、大学で学びたいと思う人は進学するもよし、そう思わないならば学びたい時期に学べばいいと思います。それを皆が認め合う社会にならない限り、息が詰まります。

大学での学びについての話し合い
親「ねえ、大学ってどういう基準で選ぶものだと思う？（③a）」
子「えーー……そうだなあ……『自分がやりたいこと』かな？　でも難

しいなあ（①）」

親「たしかに大学を選ぶ基準に、やりたいこと、興味ある勉強ができるという回答はデータでも高いみたいよ（②）。あと二つ考えてみようか（⑤）」

子「んーーー……成績とか？　あとは……そうだなあ……評判とか？」

親「評判？（⑥）」

子「A君が言うには、○○大学は就職にいいって。Bさんのお姉ちゃんは通ってる△△大学はサークルが楽しいって言ってた」

親「なるほどねー、いろいろ情報があるね。お父さん、お母さんのときは、学校の先生が『合格圏大学』を勧めることがあったよ。当然、お金の問題もあるから親の考えも大事だったな」

子「確かに……お金のことは正直、あまり考えてなかったかも。最近は、塾の先生もけっこう大学の話をしてくれるよ」

親「いろいろ情報あるけど、○○（子）にとって、何が一番大事だって思う？（④b）」

子「そりゃあ、やりたいことをやりたい。ん……でも……やりたいことは何かって聞かれても自分でもまだはっきりは答えられないな」

親「漠然としている感じ？（⑦）　受験のために考える！　と力まず、好きなこと、得意なことは何かって考えてみようか。苦手なことや不得意なことを出してみるのもアリだよ（⑧）」

①Iメッセージ
②オウム返し
③aオープンクエスチョン・bクローズドクエスチョン
④a過去質問・b未来質問
⑤話を縦横に展開する
⑥キーワードを拾う
⑦言い換える・異なる視点を提示する
⑧区別する・小さく分解する

◉話し合いのスキルとしてのまとめ◉

　ゆっくり話せる時間を確保したり、気持ちよく話をしてもらうための環境を整えるなどの工夫も大事ですね。お互い心をオープンにし、批判したり誘導しないよう、問いを選びます。一番大事なことは？あと二つ教えて？など、あえて尋ねることも効果的です。

　進学も留学も、好き、やってみたい、挑戦したい、のわくわくに従ったらいい。

　しかしもちろん、諸事情から今は諦めなければならないこともあります。残念だけどちょっと棚にお預け。どうすれば手に届くのかとあらゆる手段を考えます。そして、いつかチャンスが巡ってきたら、そのとき

を逃さず射止めるのです。

　早期からの受験も、塾や習い事も否定するつもりはありません。**ただ
し、時間をそこに割くということは、何かを犠牲にしているかもしれな
いということを忘れないでください。** たとえば、公園で友達と夕暮れま
で泥んこになって遊ぶ時間、地域のスポーツクラブなどで、年齢、性別
を超えて切磋琢磨する時間、または、家族と数泊の旅行など。

　自分で決めるもよし、いろいろあっていったん棚にお預けもよし、流
れにヒョイと乗っかってみたり、流されるままになってみたり。**その
時々の選択を自分自身が納得し、自信をもってすることが大切です。** 必
ずどこかに繋がっていきます。

②習い事などをやめたいと言いだしたとき

　また、子どもが○○をやめたいと言い出した、という悩みを相談され
ることもよくあります。頑張って続けてほしい、一度やり始めたことを
途中で中断することはもったいないなどと思ってしまいます。
　子どもの気持ちをどう引き出してあげるといいでしょうか。

　終わりにすること、やめることだって、いったん終わってみないとど
うなるか分からないということはあります。もちろん、いつも以上にそ
の思いを聞いたり確認したりと、繰り返しの話し合いが重要になりま
す。
　その上で、何かをずっとやり続けなくてはならないというプレッシャ
ーよりも、一度は中断しても、また始めたければ始めればいいという気
持ちでもいいのではないでしょうか。人生は長いです。

子どもとの話：次男（当時6歳、年長組）

　サッカーが大好きな次男。2年間参加していたクラブを卒園と同時に辞めたいと言い出しました。多くの友人たちは小学生になっても同クラブに所属します。友人関係もよくコーチもとても熱心に教えてくださいます。何となくキツイから辞めたいのか、どんな気持ちでいるのか確かめたくて話しました。

私「サッカークラブを辞めるって決めたね。もうみんなとサッカーすることはないけれど、どう？」

次男「やっぱりさーーー……サッカーができないと、死んじゃうーーー」

私「死んじゃうほどかーー。それくらいサッカーは好きだもんね。でも辞めるのね？」

次男「あそこではサッカーはしない」

私「そうか。他にはどんな気持ちがしてる？」

次男「んんんーー……みんなとサヨナラするのがイヤだな」

私「なるほどね、仲良しだもんね。他に言いたいことはある？」

次男「（かなり考えて）でも最後にみんなに楽しかったよ、ありがとうって言えてよかったよ」

　「他には？」と数回繰り返すやり取りの中で、6歳なりに一生懸命ことばを探し、自分なりに表現していました。彼自身が、大好きな仲間とともにサッカーができて嬉しかったこと、でもそのまま続ける気持ちはなく、このチームを辞めてもサッカーは好きだし、後悔はないことが伝わってきました。一つの場所に固執せず、彼が「このチ

ームでサッカーがしたい！」という場を一緒に探そうと思ったやり取り
でした。

　もちろん6歳児。パッと浮かび出たことばもあるかもしれないのです
が、一つひとつのことばを大切にします。

　特に肯定も否定もしません。もしことばがうまく出て来なくても、そ
のときはそのとき。

　一つの現象に対してあらゆる角度から見てみる、感情や気持ちを表現
する練習です。

③自分のことを一番に大事にする（生と性について）

　小学校の高学年にもなると異性を意識します。

　夫婦で、性については子どもたちにしっかり話していこうと前々から
決めていました。

　乳幼児の頃から引き続き、一緒にお風呂に入りながら、折に触れて性
のことを話しています。

　私が生理のときが一番話しやすくもあり、子どもは「体から血が出て
きているのは、なぜ？　どうして？」とまずびっくりします。2歳児で
さえ、「かっか（母さん）、痛いの？」と神妙な顔で聞いてきます。

　絵本に出てくる女の子、母親、婆様（ばあさま）、メス、男の子、父親、爺様（じいさま）、オ
ス……言動にも性（生）教育を重ねることができます。

　恥ずかしいことは何もありません。人間の身体・命そのもののことを
堂々と伝えます。

　親であっても、よく知っている人であっても、触られることが嫌なら
ば絶対に触らせてはいけないことも強く伝えます。

女性と男性の体はまるで違うことも。

　その「女性」や「男性」も、性別で二つに分けることも無理があることも話します。

　人は多様です。人はみんな違って、同じ人はどこにもいない、かけがえのない存在です。

　性を語ることは、命を話すこと。とにかく、折に触れて、繰り返し、繰り返し、話します。

　性に関することを話すことに慣れない人は、（絵）本というツールがあります。また、性に特化し過ぎなくても「自分のからだを大事にしよう」と話しかけてみてください。我が家は、毎月絵本の配本（https://douwakan.co.jp/）を続けて11年になりますが、たとえば、絵本の物語から性の話を展開してみたりもしました。

　また、下記の2冊はよく読みました。自分自身を一番大切にすること、感情に良い悪いはなく、正解・不正解もないこと、どんな感情を抱いてもいい。だからこそ、自分の気持ちを正直に見つめ、表現する練習をしようねと伝えています。是非参考にしてください。

『あなたが守る
あなたの心・あなたのからだ』
作 森田ゆり／絵 平野恵理子
（童話館出版）

『気持ちの本』
作 森田ゆり
絵 たくさんの子どもたち
（童話館出版）

親子で、夫婦で向き合い、話すきっかけを絶対に逃さないでください。子どもが乳幼児の頃からスタートしています。

子どもとの話：長男（当時10歳、小学4年生）

　テレビを見ていたとき、番組で流れた内容に重ねて、
「赤ちゃんって、結婚しないと産まれないんでしょう？」と聞いてきました。
「結婚しなくても産まれるよ」と答えると、「えーーー、そうなの⁉」と驚く彼。
　三男の出産に立ち会い、私から血まみれの赤ちゃんの頭が出てきたのも見ている彼。

　産むときは相当痛そうだ、いろいろ大変そうだ、と理解しているけれど、果たして、いつ、どうやって、赤ちゃんは母さんの中に入ったのか。
「なぜ、結婚しなくても赤ちゃんは産まれるの？　みんな結婚したら赤ちゃんが産まれるんじゃないの？」

　赤ちゃんが産まれるための性行為について説明しました。とても大事なことだから、もう少しお兄さんになったら、もっと詳しく教えてあげるからと断りつつ、誤魔化しはしません。
　図鑑やテレビで、実際にも見たことある昆虫や動物の交尾にたとえを借りながら、精子と卵子の話をしました。

　さらに父さんが「中学生でも赤ちゃんを妊娠することはあるんだ……育てられるかな？　母さんが経験した出産を中学生が経験したらどうだろうか」と問いました。長男なりに一生懸命考えていました。

娘、息子、母親、父親、女性、男性、いろいろな性の立場だからこそ話せる、伝えたい内容があるはずですね。娘に話すことと息子に話すことは違ってくるかもしれません。我が家では、先々、息子たちへの性の話は夫に託しています。どうしても私には分からない部分があるからです。もちろん、夫婦でタイミングと内容を見計らって。

季 実 治 の 視 点

「父親の役割を自分でつくっていく」

母親は産んだ瞬間から母親のスイッチが入るだろうし、赤ちゃんは母親の一部のような強い結びつきを感じる。が、父親は子にとって最初の他人。生物学的には父親でも、父親になるためには自分で役割をつくって動いていく必要がある。例えばお風呂に入れるとか、おむつを替えるとか。でも結局、父親と母親の違いは単におっぱい（母乳）があるかないかの違いだけ。何でもすることがあるし、できる。

5.章

健康、命に
ついて
話し合う

今、ここに生きている幸せ

　毎日、死におびえることなく生きていることが、どれだけありがたいかと思います。

　戦争をしないと誓い、平和な社会であり続けるための努力が必要な時代です。

　私は、生まれ育ちが長崎ということもあり、幼少の頃からの平和学習が身に染みついています。かつての戦争のこと、今なお続く世界中の紛争のことを、子どもたちとも話しています。

　とても難しい内容だと思いますが、こちらが真剣に話すことに、静かに耳を傾けています。もっとも大事にしているテーマです。

　生きていく上で何が大切で、何が幸せかという内容は人それぞれ違います。違うからこそ、一人ひとりが考え続けるのだと思います。今を生きながら同時に未来も見ているはずです。大切で普遍的な価値＝平和な未来をつくると誓いながら。

何がリスクか

　ところで、自分やパートナーの体調、心身の健康状態に問題はありませんか。

　たとえば、身近なことでは定期的に歯科検診には行っていますか。100年近く酷使する歯をメンテナンスせずに健康はありません。

　定期的な検診は受けていますか。遺伝的に受け継いだ可能性があるか

もしれない体質、病気については調べたことがありますか。たまに病院嫌いの友人がいますが、決して恐れないでください。

　現実的には、万が一の時の保険や経済的な蓄えは大丈夫ですか。さらに、助け合いのネットワークはどうでしょうか。万が一の時に信頼できる、頼れる人や場所がありますか。困ったときにまずどのように行動すればいいか、平時のとき、元気なときにこそ話し合っておきましょう。

　突然の死、あるいは寝たきりの状態になるリスクもないとは言い切れません。夫婦がともに稼げるようにキャリアをつくっておくことはリスクマネジメントとして大事です。子どもが未成年であればなおさら、夫婦でのさまざまな話し合いは必須です。

　そして何より、**気になっていることの話し合いを後回しにしていることが最大のリスクです。**何かが起きてから動いていては遅いことが事実としてあります。

気になっていることは、
後回しにせずきちんと話し合う

長寿社会を生きる

　年齢を重ねてくると、老いていく親のことが気になります。

　近くに住んでいない、すぐに会うことができない、実家から足が遠のいてしまったという人。あるいは、自分が一人っ子で相談する身内が少ない、または、きょうだいと仲が良くなく、今後の親のことを話し合うことができないなどの話題もあります。親子関係、家族関係に悩みはつきません。

　また、本当に事情が一つとして同じでないのが介護の問題です。実家が熊本と北海道という友人夫婦が複数います。海外に住む友人もたくさんいます。

　帰省のスケジュールを確保し、移動には多額の出費も伴います。介護や症状の急変があっても、すぐにスケジュール調整がうまくいくとは限りません。

　きょうだいが複数いるからといって、誰か一人に重い負担がかかっていないかも考えたいですね。ケアの多くを女性が担っていることは改めて問われる必要があるでしょう。

　もちろん、介護は家族だけが担うものではありません。家族がして当然と思い過ぎないことも大事です。親の住むまちの介護事情、諸施設や病院の状況なども調べてみましょう。

　親の介護に関しては、夫婦二人の心をよりオープンにして話し合う必要があります。仮に、親や義親の介護に関してネガティブな気持ちがあれば、もちろんどんな些細なこともため込まずに話し合いの議題に上げます。

正直なところ、義親との関係がよくない話は本当にたくさん見聞きします。一人で抱え込まないことが大切です。

親、義親との「心の距離」を確認する

3世代同居を含めた大家族のイメージは少なくなっています。しかし、共働き世帯が増え、家事育児を強力にサポートしてくれることを期待して、実家近くに暮らす選択肢はあります。

義親ばかりでなく、親との関係性は、どうですか。「心の距離」と言ってもいいでしょう。

夫婦がお互いに確認し合いたいのは、お互いの親との心の距離です。まずは、自分と自分の親との心の距離、パートナーとパートナーの親との心の距離、そして、お互いの義親との心の距離です。

夫婦が親、義親との心の距離を話し合うなかで、たとえば、嫁　姑<ruby>よめ<rt>しゅうとめ</rt></ruby>関係に必要な予備・事前情報をインプットできれば、帰省時の具体的な対応策が見えます。親との心の距離が離れているならば、親、義親に家事育児は頼まず、第三者に依頼する方がベターでしょう。ストレス軽減につながります。

　また、**親、義親から子育てに苦言を呈されたり、子ども（孫）への態度で気になることがあっても、子ども自身にとってはどうだろうかと冷静に、客観視してみます。** 子どもにとって、親以外に関わる大人が多いことは有難いことでもあります。

　親、義親とどう接するか、どんな話をし、どんな関係性をつくりたいか、夫婦でも意見が違うかもしれません。物理的に遠い、近いによる距離ばかりでなく、心の距離を夫婦で見える化し、話し合ってみてください。
　夫婦として大事なことは何かを確認し合い、自分の立ち位置をしっかり見つけましょう。

　どうしても、縮められない距離は無理しないことです。折り合いが悪いことを頑張って良くしなければならないと思う必要はなく、距離があることを夫婦が理解し合っていればいいと思います。
　聞いている振りをして関わらない、愛想笑いだって戦略の一つです。あなた自身の心身の平穏が何より大事です。

迷惑はかけ合うもの

しかし、一つ強調したいことがあります。**生きていく上では、人は誰**

かに支えられながら、人と迷惑をかけ合いながら生きていくのだということです。

「迷惑」とは、もともと、戸惑う、どうして良いか分からないという意味で使われていたとも言われます。

　他者と関わり、生活する中で、戸惑い、どうして良いか分からない場面は多々あります。

　私自身は、親や家族のことで嫌だなと思うことがあっても、そのネガティブな要素は自分にも思い当たるとハッとすることが多くあります。自分の鏡として身近な他者が目の前にいるのです。

　そういう迷惑関係の間柄だと捉えなおし、親、義親が、少しでも元気なうちにいろいろな話ができるといいですね。

「夜はよく眠れてる？　ご飯は美味しい？　趣味の〇〇ではどんなことをしているの？」

　おしゃべりとしてのコミュニケーションをスタートに、具体的な健康状態、持病のこと、暮らし向き、老いを迎えて最期のこと。

　最終的に一人になったら？　どこでどのように生活したいか、希望と不安について。聞くに徹しながら、問いながら、話しましょう。

　そして、よく周囲で見聞きする、「あなたたちには迷惑をかけないようにするから」「あなたたちの世話にはならないようにするから」というセリフ。

　皆、誰もが生活の中で迷惑をかけ合っていいと思いませんか。初めての育児でさまざまなハプニングに直面して、または、病気をしたり、老

いていく中で、誰もが戸惑い、どうして良いか分からない状況になると思うからです。

大事なことは命を守る行動

　我が家は、夫の仕事柄、様々な災害について話しています。自然は時に恐ろしく、不意に私たちの想像を超えた猛威を振るいます。

　何かが起こる前に繰り返し話す必要があるテーマです。そうしないと、人は過去の脅威を忘れてしまいます。

　忘れてならないのは、私たちは自然環境とともにあるということ。限りある資源から、美しい自然環境から、多大な恵みを得ていること。

　非日常の出来事で難しいテーマだと感じますか。もし、話すには難しいと思う場合は、何気ない日常の小さな出来事から始めてみましょう。口を開く練習です。

　子どもたち自身が、命を守るための防犯や防災行動について学校でど

んな学びをしているのか、そのとき友達とどんな話をしたのか。新聞や
ニュースで見聞きしたことも、話し合ってみましょう。

　毎日の本当に小さなおしゃべりを大事に続けてほしいです。
　**何でも言っていいのだ、いろいろな考えがあっていいのだ、という安
心感を積み重ねることが大事です。**
　まじめに議論しなくても、かっこ良い結論に導かなくてもいいので
す。たくさんのささやかなおしゃべりが家族にはもっと必要です。
　そして、その小さなこと（幸せ）も大切な命も瞬時に奪われることが
あります。予期せぬ出来事、自然災害、不慮の事故や事件など、身近に
起こり得ると少しばかりの緊張感を胸に。

防災についての夫婦の話し合い

英子「防災行動として**命を守るために**夫婦は日頃から話し合っておく必
要があるね」
季実治「まずは、土砂災害や浸水など、どんな危険があるかを**ハザード
マップ**で知ることだよね」
英「**住んでいる場所や諸事情は人それぞれ違う**からね。一般的な本や手
引きを読めば終わりというわけではない。誰と住んでいて、その人たち
の健康状態も考慮しないと。子どもが乳幼児だった頃は、避難所には行
けないだろうと思ってた。子どもの泣き声で迷惑はかけられないと」
季「避難所以外の案も考えておくといいね。安全な場所にある親戚や友
人の家、状況によってはホテルに泊まるのも選択肢の一つだと思う」
英「いくつかの選択肢があると思うと安心する」
季「そうだね。意外に見落としていることもあると思うよ。**子どもの通
学路や通勤途中の経路**はどんなか。どこで災害に遭うかわからないとい
う意識も大事だね。一つひとつ家族で日頃から話し合って、**妥協なき備
え**が大事」

英「災害の多い日本では必須だね。大雨や台風が去ったあと、子どもたちと通学路をチェックして歩いたね」

季「倒木もたくさんあった。**子どもたちと一緒に歩いたのがよかった**」

英「命を守るための行動って、**事前にどれだけ準備ができているか**が重要だね」

季「そう。自宅が比較的に安全だと判断できたとしても、**水や食料、簡易トイレなどの備蓄**は必要。それから、家族や親しい誰かと離れているときに災害に遭ったらどうするか。特に子どもたちにはしっかり話しておく必要があるね」

英「正直、慌てるだろうなあ、一瞬、パニックになる。想定外の事実に直面したときって、一瞬フリーズしてしまう」

季「だからこそ、**日頃からできることをする**しかない。災害時にはあらゆる情報が飛び交い、時にデマが拡散することもある。**信用できるサイトやアプリなどを調べて**おいて、使い慣れておくことも大事だね」

　過去の経験を忘れず、話し続け、知恵と工夫を積み重ねていきましょう。家族ばかりでなく、近隣や地域でのつながりが大きな支えとなることは間違いありません。隣に誰が住んでいるかと関心を寄せ、通りすがりにあいさつをしたり、ちょっとした立ち話をすることもいいですよね。季節の変化や日々の天気のことをきっかけにしたらどうでしょう。その小さな交わりを通してつながりが生まれます。

　そうはいっても集合住宅などで、まるで周囲の状況が分からないという方は、閉じた空間に住むメリットとデメリットとを改めて考えてみてください。

防災グッズ「非常持出品」「非常備蓄品」

【非常持出品】

貴重品	現金、預貯金通帳（キャッシュカード）、印鑑、免許証、権利証書、健康保険証
非常食品など	カンパン、缶詰、栄養補助食品（そのまま食べられるもの）、ミネラルウォーター、水筒、プラスチックか紙製の皿、コップ、割り箸、缶切り、栓抜き、乳幼児・高齢者・病人向けの食品
応急医薬品	バンソウコウ、包帯、消毒液、傷薬、胃腸薬、鎮痛剤、解熱剤、目薬、常備薬
生活用品	携帯トイレ、衣類（下着、上着、靴下など）、スリッパ、タオル、ティッシュペーパー、ウェットティッシュ、マスク、軍手、雨具、ライター、ビニール袋、生理用品、紙おむつ
その他	携帯電話（充電器）、緊急連絡先、懐中電灯（一人1本）、予備の電池、携帯ラジオ、笛
［追加］	

【非常備蓄品】

非常食品	飲料水（一人1日3リットル）、カンパン、缶詰やレトルトのごはん・おかず、アルファ米、栄養補助食品、ドライフード、インスタント食品、梅干、調味料、菓子類（チョコレート、飴など）
燃料	卓上コンロ、携帯コンロ、固形燃料、予備のガスボンベ
生活用品	毛布、寝具、洗面用具、ビニール袋、ビニールシート、使い捨てカイロ、ドライシャンプー、トイレットペーパー、鍋、やかん、ポリ容器、バケツ、折りたたみナイフ、ろうそく、ガムテープ、さらし、自転車、新聞紙、食品ラップ
生活用水	風呂、洗濯機などへの水の汲み置き
その他	軍手、厚手の靴下、長靴、ロープ、バール・ジャッキ・のこぎりなどの工具、消火器など
［追加］	

「運に任せず未来に備える」

今、ここに、命があることを漠然と大丈夫だ、このままずっと続いていくものだと思っていてはいけない。たまたま、平穏に過ごしているだけと思ってもいいくらい。思わぬアクシデントは日常生活にもたくさんあり、命を落とす確率を減らす努力は必要だ。まずは、自分自身の健康や命については、運に任せず、賢く情報を収集して未来に備える必要がある。大切な人を大切にする行動にもつながる。

6.章

子どもたちに
ファミリー民主主義
について
伝えよう

彩り豊かな社会へ

いつからかスーパーに並ぶ野菜は綺麗に形が整ったものばかりです。曲がったキュウリは嫌いですか、少し傷があるリンゴはダメですか。

旬のものを美味しく頂けたら形はまったく関係ないと私は思いますが、どうでしょうか。

私たち一人ひとりは誰一人として同じではありません。

何かの枠に当てはめて、その中に収まることを多数が目指せば、それに当てはまらないと異質に映り、孤立を感じる人がでてきます。

政治家を自分が選んでいると思う人は、日本ではほとんどいないでしょう。

しかし、パートナーは自分で選べます。生まれてきた子どもたちを含めた「チーム家族」は、一人ひとり個性がまるで違う、一つの小さな社会を形成しています。自分の都合のいいようにはいきません。

家族こそが大事、家族ならば仲良くすべきと言うつもりはまったくありません。私自身は、10代の頃、はやく親から自由になりたいとただそれだけを考えていました。特に「親は選べない」という嘆きを聞くたびに深く共感し、だからこそ、たまたま家族になった意味は何だろうと考え続けてきました。

私が考える「家族」とは、どんな時も同じ強さで手を握り続けることができる関係です。凪のときも、大嵐のときだって。

この意味で、家族は血縁とは限らないし、一緒に暮らせなくても、また、婚姻制度に縛られずとも、お互いの存在が「家族」なのかどうかは

そのメンバーが決めることです。

改めて、子どもは大人を見ている

　以下の記述は、20歳を過ぎた大学生のコメントです。大学で担当している都市政策論の講義で、住民参加、議論や対話について扱っていた際、「皆さんの家族での話し合いはどうですか」と尋ねたときのものです。

● 親の価値観を押し付けられるため、自分の価値観、意見を話そうとしても、親の考えを強く言われてしまうと、発言ができない。反論しても毎回自分が折れてしまう。

● 父や母と対等な関係ではないので、議論ができない。子ども側から意見を言っても取り合ってもらえない。普段は「お願い」という形で提案を行っているが、取り合ってもらえるかは親次第。

● 父親の収入が家庭の出費のほとんどを支えているため、議論を行う際、この現状が頭の中に入ってしまって、意見を言うにも父親の意見に沿うような発言しかできない現状がある。

● 母に話を聞こうという姿勢がまるで感じられない。

● 話しても意味がないと感じてしまう。父は改善するといっても実際に取り組んだためしがないし、兄は自分が間違っていたり直すべきところを認めたがらない。母は、文句を言う割に、もういいよ（私がやればいいんだから）と言って話したがらない。妹と私は、そう言いなが

ら八つ当たりを受けるくらいならちゃんと話し合ってほしいと考えているが、どうせ変わらないだとか、数年以内に独立して家を出るのだからそれまでくらい我慢しようと思っている。

いかがですか。
もしかして我が家のことかもと思った方はいませんか。

家族のそれぞれの言い分があると思います。それでも、このようなコメントを読むと、親として自分自身はどうだろうかと冷静に振り返るきっかけになります。

民主主義について考える

長い研究生活の中で、デンマークでの生活を経験しました。世界でもっとも成熟した民主主義の国です。老若男女、すべての人が自分の意見をもっています。本当に幼い子どもでさえ、大人の指示に従うばかりではありません。

徹底した個人主義とゆるやかな連帯意識の中で、「自分たちの暮らしは、自分たちでつくる」ことが完全にインストールされています。もちろん完璧な国などどこにもなく、デンマークにもさまざまな問題はありますが、小さな意見が大事にされ、個人の生き方が尊重される国は、優しさであふれています。

このデンマーク社会の民主主義は、私流に解釈するならば、「**自分の考えをことばにすることを楽しむ社会**」です。
そして、この社会の豊かさは、教育が導いています。

デンマークを含め北欧諸国は、高福祉高負担の福祉国家ですが、単なる福祉の物的な充足だけではありません。それを土台にしながら、日々の暮らしのなかで生じるさまざまな問題を、対等平等な話し合いによって解決し、決定していこうとする社会です。

私たちの日常生活、家族の中に、話し合いはどの程度あるでしょうか。

ファミリー民主主義について

デンマークにおける民主主義を体感しながら、さらに私が衝撃を受けたのは、人々が政治を信頼していることでした。そして、人間関係における信頼こそが幸せな社会をつくる基本であるということを実感しました。

思い返すと、幼少の頃はご近所同士の付き合いが密でした。
生活する中で「プライバシー」とか「個人情報」という文言はいっさいありませんでした。
そんな密な暮らしには戻らなくても、今、改めて私たちに必要なのは、「信頼関係の再構築」だと思います。

ファミリー民主主義とは、家族の一員として家族に関する話し合いを重ねていくこと。
家族は話し合いの練習をする場であり、何度も繰り返し練習をしながら自分自身の考えを整理していく場です。もし、強くぶつかり合うことがあっても、やり直しの方法さえ、あなた次第でいかようにもなります。

ファミリー民主主義は、「どういう夫婦、親子、家族関係を築きたいですか」という問いとイコールです。

　子どもたちに「ファミリー民主主義」を伝えましょう。
　その際の大事なポイントを三つ整理します。

①オープンマインドでいる

　たとえば、子どもたちが成長の段階で壁にぶち当たったり、不安や悩みを抱えたとき、言いたいけど言えない、怒られるかもしれない、反対されるかもしれない、笑われるかもしれないと気持ちを封じ込めてしまったら？

　赤ちゃんでさえ、親の表情を見逃しません。甘えていいかな？　これは許されるかな？　泣いて怒って駄々こねていいかな？　と見ています。

　安心して甘えていいはずの親（家族）の前で、遠慮して自分の感情を押し殺す。親や周りが期待するように振る舞おうとする。**もっとも避け**

るべきは、助けてほしいというＳＯＳを出せないことです。

　どんなに自分と違う意見でも耳を傾け、いったん受け止めようとする努力をする価値はあります。答えありきで聞く耳をもたない人、正論で論破しようとする人、一般論で語ってくる人に信頼を寄せる人はいません。

　他者に対して心を開くことは、イコール自分自身とも向き合うことです。ある時点での正解や正論はあまり意味をなさず、時代は急速に変化していきます。古くなったバージョンは更新する必要があります。

　家族でいろいろな顔を見せ合いましょう。家族のバージョンアップを続けましょう。
　いろいろな感情を素直に表現してもいいと安心できる場づくりに努めましょう。

②わかりやすいことば、やさしいことば、きれいなことばを使う

　どんな話も相手に届かなければ一方向です。素晴らしい業績の発表に専門用語を多用されてもさっぱり理解できません。誰に伝えたいのか、相手によって使うことばを慎重に選ぶ必要があります。

　そして、第一声が大事です。言うのは簡単ですが、とても難しいと実感しています。準備が必要です。

　子どもたちに何かしてほしいとき、改善してほしいとき、頑張ってほしいとき、子どもたちが関心をもって耳を傾けてくれることが大事ですね。そのための第一声、そしてそれに続くことば次第で子どもたちの反応は変化します。

第一声が、イライラした口調で「宿題ちゃんとやってるの⁉」「少しは片づけなさい！」では、子どもたちは耳を傾けてくれません。声色、トーン、表情も含めて伝えたい、聞いてほしい第一声になっているのか、慎重に選んでことばをかけてください。たとえば、宿題に集中しているか気になったと

きは、「へー、ずいぶん難しい漢字を習っているのね」など。

日本語はとても難しいです。我が家では、息子たちが、主語なく、脈絡なく話しかけてくることが多々ありました。子どもたちが同時に話し出すこともあり「はい、ちょっと待った！」と仕切り直し。「主語は何ですか？　初めから順を追って説明してください」「それで、言いたいことは何ですか」と繰り返し、聞き返して、練習しています。

そんな私も、突然話しかけてしまって、「何の話？」と子どもたちから突っ込みが入ることもあります。

ことばは面白いです。日本人だからといって日本語がペラペラではありません。

話している途中に、句点「。」がなく、読点「、」ばかりで話を続けている人は結構います。聞いていて集中力がもちません。

話す相手が誰かと意識したうえで、わかりやすいことば、やさしいこ

とばで伝える。日々の練習の積み重ねが求められます。

　また、我が家では、特にきょうだい喧嘩のなかで、自分のイライラにまかせて、お前！　うるせえ！　どっか行け！　のような、荒々しいことばを使うことがありました。
　我が家は言いたいことがあれば遠慮なく言うルールなのですが、特に、語彙数がまだ少ないうちは、短く荒いことばでそのときの感情を発散させることがありました。

　使うことば、話すことば、書くことばが、自分。
　それらがまた自分に跳ね返ってきます。

本当の気持ちを聞く

　就寝前の穏やかな時間に、次男（当時7歳、小学1年生）と二人で話しました。
　きょうだい喧嘩で自分の非を認めない彼。

私「最近、謝ることがなかなかできないこと、多いね？」
次男「ちょっとはできるよ！」
私「ちょっとはできるね。もうあとちょっとができないんだね」
次男「うん……」
私「どうしてあとちょっとができないのかな」
次男「うーーーん……なんか……恥ずかしい」
私「恥ずかしいかあ。他には？」
次男「うーーーーーん……ごめんねって言っても聞いてくれるか不安……」
私「なるほどー、不安な気持ちね。恥ずかしくて不安な気持ちがあるんだね」

次男「(しばらく考え込んでから)言っても受け入れてくれるか分からないから」

　小学1年生の彼が、謝ることが恥ずかしい、不安、相手が聞き入れてくれるかと迷い、素直に謝れないことを(傍(はた)で見ていて)想像はしていましたが、直接、彼のことばを通して確認し合うことができました。

私「恥ずかしくて不安だったら、謝らないでいいのかな」

次男「……謝った方がいいと、思う」

私「そうだね。たぶん、きっと、それが『勇気』なんじゃないかな。恥ずかしくて不安になっても勇気を出せる?」

次男「出せる!」

　次男に「勇気」のことばは強く響いたようでした。その後、「勇気」ということばが、私と彼の間のキーワードになりました。いろいろな生活の場面で、この『勇気』を思い出せるといいな、勇気の積み重ねができてくるといいなと思った瞬間でした。

==どんなことばを選び、使い、身に付けていくかを家族で練習するのは子育ての醍醐味(だいごみ)だと思います。==

③当事者(本人、子ども)の話を聞く

　当事者参加は話し合いの基本です。

　たとえば、ヘアカラーはダメ、アルバイトはダメ、ゲームはダメ、こ

れはダメ、あれはダメと決めているのは誰でしょうか。何のためでしょうか。一方的な押し付け、ある一つの型に当てはめることは、繰り返しますが、孤立を生みます。

　子どもたちに関することなら、子どもたちの意見を聞かねばなりませんね。
　遊び、習い事、受験、進路、進学、日々の生活のことは、子ども自身がどうしたいのかと聞かねばなりません。年齢や状況を見極めて、子どもが幼いならば幼いなりに、親は子どもたちがしっかり考えられるようにサポートし、話しやすい雰囲気をつくることです。
　何か一つの案件に対して、メリット、デメリットを一緒に考えることもできます。親自身の経験からのコメントは参考になるでしょう。他の選択肢があることも提示できるといいですね。

　すぐに結論が出るとは限りません。時間がかかります。ああでもない、こうでもないと話し合いに時間をかけることを面倒だと思わないでください。いったん決めたことも、うまくいかないならば修正を繰り返します。重要なことは、当事者が参加していることです。

「子どもだし、よく分からないのでは？」と思いますか。赤ちゃん、幼児、子どもたちはちゃんと自分で考えることができます。考えるように仕向けていくと、しっかり考えます。問いには大きな力があります。**人は、問われた瞬間から考え始めるのです。**
　家族の話し合いは自分の考えを表現する練習、話し合いの練習、民主主義の体得の場です。そのプロセスでこそ信頼について学ぶことができます。

　民主主義って、本当に「めんどう」です。たとえば、意見を言うこと

が当たり前の我が家の日常は本当に「うるさい」です。でも、これこそ、「チーム家族」になった意味だと思います。

　自分とはまるで違う個人がすぐそばにいて、当然、意見が対立することがある。どうしたらお互いが納得できる着地点を見出せるか、学校や職場で四苦八苦する前に家族で鍛え合うのです。

季実治の視点

「決めるのは本人だ」

自立した個人が社会には必要だ。一歩先を行く大人は最大のサポーターとはなるが、さまざまな岐路で決めるのは子どもたち本人だし、「自分の人生は自分で決める」と考える練習を家族で意識していく必要があるだろう。例えば、高等学校や大学には行く必要があるのかと聞かれて何と答えるだろうか。昔、父親に「（大学には）行かなくてもいいけれど、行ったら楽しいぞ」と言われた言葉が心に残っている。

おわりに

　日本は戦後、住宅の量的供給に注力し、持ち家政策を推進することで、多額のローン返済のために猛烈に仕事に邁進する人生のパターンを作り出しました。男性が外で働き、女性が家事育児を担うというモデルも、その過程で確立されました。

　それらの政策は、意識せずとも私たちの家族と仕事との関係を規定するようになりました。一家の大黒柱ということばには、経済力のある男性が家族のさまざまな決定権を握り、リーダーとして不動の強さを持つというイメージがあります。

　しかし、今や共働き世帯が増え、男性も女性も個々の意識が大きく変化しています。

　家族の幸せのかたちも、それとともにバージョンアップしているはずです。

「男性」「女性」「家族」という狭くカテゴライズされた定義は、かつてとは異なり、さまざまな意見が見られます。もっともっといろいろな考えがあることを出し合って、議論を成熟させていく必要があるでしょう。次代を担う子どもたちに、どのような社会を渡すことができるだろうかと、先を生きる人間として責任を感じます。

　まちづくり関連の調査や各種政策に関する議論のなかでは、社会的孤立の問題、差別やいじめの問題、精神疾患や生きにくさのデータを扱いますが、改善していく兆しがなかなか見えません。閉じてしまった心をどのように解きほぐしていけるでしょうか。困ったとき、助けが欲しいとき、休みたいときこそ、堂々と声をあげられる社会をつくりたいで

す。

　誰一人として同じ人間はおらず、皆違っている。だからこそ彩り豊かです。そんな優しい社会をつくるために、私ができることを積み重ねていこうと思っています。

　政治や各種政策には、どんなビジョンがあるでしょうか。誰がどのように話し合って、決めているのでしょうか。ターゲットである当事者の意見はどのように反映されているでしょうか。

　国や社会、都市や地域をつくっているのは、政治家や行政機関ばかりではなく、私たち一人ひとりです。

　そんな都市やまちづくりの研究を続けるなかで、私自身の関心が辿り着いたのは、社会の最小単位の「家族」であり「個人」でした。

　一人ひとりが幸せになるためには、何ができるのだろうかと。

　家族のことに関しては、私自身の個人的な経験がベースにあり、研究テーマにつながっています。育ちの家族と、そして今育んでいる家族とのコミュニケーションの過程で、できれば隠しておきたいと思っている私の一部分が、嫌というほどあぶり出されてしまいます。頑固な考えも、意識下の囚われも。仕事の相手とのコミュニケーションでは表に現れない"負"の部分が、家族が相手だと、油断してしまうからでしょうか、つい顔を覗かせてしまうのです。

　夫婦の話し合いの各テーマは、一度話し合ったから終わりというものは一つもありません。自分も家族も、年を重ねるごとにどんどん変化していくからです。想定外のハプニングもあります。若い頃は深く考えることがなかった健康や命について、他人事ではないと思う事情に遭遇するからでもあります。

話し合いは練習あるのみです。

けんかになってしまう？　修正できることがたくさんありますね。
つい口出しをしてしまう？　まずは聞くことからです。

取るに足らない小さなおしゃべりの積み重ねが、夫婦をつくり、家族
をつくります。夫婦の話し合いは、お互いに新しい、たくさんの気づき
を促します。

家族皆がおしゃべりしている様子を想像すると幸せです。そんな夫婦
や親子がつくる話し合いのテーブルは、良いエネルギーで満ち溢れてい
るに違いありません。

時には難しい政治の話も、遠い将来のでっかい夢も、語り合ったらど
んなにわくわくするでしょうか。
絶対的な信頼関係があればこそです。安心して意見を出し合い、喧々
諤々、論じ合える関係は最強です。
家族になる旅は、人生の最期まで続きます。

＊　　　　＊　　　　＊

本書を執筆するにあたりたくさんの方々に支えて頂きました。

一番のきっかけは、2018年に夫婦で開催した最初のセミナーに参加
してくださり、終了後に声をかけてくだった菅沼加奈恵さん。加奈恵さ
んのつながりで、ＰＨＰ研究所の大岩央さんと話す機会を頂き、そし
て、本書を編集いただいた西村健さんに出会うことができました。暑苦
しい私の思いが、どうしたら読者の方に届くか、たくさんのアドバイス

を頂き、最後まで楽しく書き進めることができました。本当にありがとうございました。

　また、2019年の冬から同居している母のもとに毎月届く「婦人之友」の雑誌に挿入されたイラストに魅せられ、イラストはシミキョウさんにお願いしました。突然のお願いにも関わらず快諾いただきましたことを重ねて御礼申し上げます。

　それから、女優の板谷由夏さんには書籍の帯に推薦のことばを寄せていただきました。お忙しいなかにも関わらずすぐに返信をいただき、感謝の気持ちでいっぱいです。お会いするときはいつも気さくで笑顔が絶えない由夏さん。私もそんな女性でありたい！と思っています。

　母、そして、夫、斉田季実治をはじめ、３人の息子たちとの日々はうるさくも、愉快で、最幸です。妻として、母として、研究者、コーチ、コンサルタントとしても、ますます精進していきます。

　家族は話し合いがすべてです。
　ゆっくり、焦らず、楽しみましょう。

2021年11月吉日

斉田英子

読者プレゼント

パートナーと実践する家族の10年後ワークショップ（動画解説）

本書をお読みいただき、ありがとうございます。
夫婦や家族の話し合いのマナーやスキルを活かして、ぜひ実践に移してください。
できることから、簡単だと思うことから始めてくださいね。楽しみながら！

本書の中で記載している、私たち夫婦が行ったワークショップ「10年後の私たち（2008年）」にまつわるエピソードや実際のやり方、その後のワークショップのことなどについて動画としてまとめました。ぜひご覧ください。

この無料プレゼント（動画）を受け取るには、
①スマホから下記QRコードを読み取る
② LINEアプリの検索窓から「@irodorikazoku」でID検索する

上記いずれかの方法で、【公式LINE 彩り家族】に登録後、
メッセージに「ワークショップ」と記入し、送信してください。
動画URLをお送りいたします。

弊社、㈱ヒンメル・コンサルティングでは、【公式LINE 彩り家族】をオープンしています。
家族の未来をひらく話し合いのスキルや「家族」に関するエピソードを配信しています。
公式LINEのコミュニティでは、皆さまからのメッセージ、ご経験談もお待ちしています。

［イラスト］
シミキョウ
［装丁］
Malpu Design（清水良洋）

〈著者略歴〉

斉田英子（さいた・えいこ）

1974年、長崎市生まれ。

中央大学法学部兼任講師。2018年、夫婦で起業した㈱ヒンメル・コンサルティングでは、大学生やビジネスパーソンに向けコーチング、コンサルティングを実施。

2002年、博士号取得後、デンマーク政府奨学金等を受けコペンハーゲン大学にて客員研究員。2005〜2016年、熊本県立大学環境共生学部准教授。

三男児の母。子どもたちが乳幼児期の約6年間、夫婦のキャリアの都合で、熊本と東京をほぼ毎週末、往復する生活を送る。キャリアのセカンドステージは家族の最大幸福の追求とともにある（ファミリー＆キャリア）と確信し、二拠点生活を解消、大学を退職し東京へ移動。東京大学、明治学院大学にて研究員を経て現職。デンマークに関する論文や書籍多数。

㈱ヒンメル・コンサルティング　https://tenki-saita.com/

家族と話し合いをしてますか？
「伝わらない」「わかり合えない」がなくなる本

2021年12月23日　第1版第1刷発行

著　　者　　斉　　田　　英　　子
発　行　者　　永　　田　　貴　　之
発　行　所　　株式会社PHP研究所

東京本部　〒135-8137　江東区豊洲5-6-52
　　　　　　　第一制作部　☎03-3520-9615（編集）
　　　　　　　普及部　☎03-3520-9630（販売）
京都本部　〒601-8411　京都市南区西九条北ノ内町11

PHP INTERFACE　https://www.php.co.jp/

組　　版　　株式会社PHPエディターズ・グループ
印　刷　所　　株　式　会　社　精　興　社
製　本　所　　株　式　会　社　大　進　堂

大切なこと
穏やかに暮らすための 48 の工夫と心がけ

内田彩仍 著

新しい生活様式のなかで家族と快適に過ごす秘訣とは？　写真が豊富なオールカラー。

定価　本体 1,330 円（税別）